职业教育技能型人才培养"十二五"规划教材
国家级中等职业教育改革发展示范校建设项目成果

仓储与配送实务
理实一体化教程

CANGCHU YU PEISONG SHIWU
LISHI YITIHUA JIAOCHENG

主　编　张　议　戴敏华
副主编　赖华茜　陈　俊
参　编　陶继洪　谈艳俐
主　审　卢　静　赖　敏

西南交通大学出版社
·成都·

图书在版编目（CIP）数据

仓储与配送实务理实一体化教程 / 张议，戴敏华主编. —成都：西南交通大学出版社，2013.8（2017.7 重印）
职业教育技能型人才培养"十二五"规划教材　国家级中等职业教育改革发展示范校建设项目成果
ISBN 978-7-5643-2511-4

Ⅰ. ①仓… Ⅱ. ①张…②戴… Ⅲ. ①仓库管理－中等专业学校－教材②物资配送－物资管理－中等专业学校－教材　Ⅳ. ①F253

中国版本图书馆 CIP 数据核字（2013）第 182481 号

职业教育技能型人才培养"十二五"规划教材
仓储与配送实务理实一体化教程
主编　张　议　戴敏华

责任编辑	孟苏成
封面设计	墨创文化
出版发行	西南交通大学出版社 （四川省成都市二环路北一段 111 号 西南交通大学创新大厦 21 楼）
发行部电话	028-87600564　028-87600533
邮政编码	610031
网　　址	http://www.xnjdcbs.com
印　　刷	四川森林印务有限责任公司
成品尺寸	185 mm × 260 mm
印　　张	10
字　　数	248 千字
版　　次	2013 年 8 月第 1 版
印　　次	2017 年 7 月第 3 次
书　　号	ISBN 978-7-5643-2511-4
定　　价	22.00 元

图书如有印装质量问题　本社负责退换
版权所有　盗版必究　举报电话：028-87600562

前　言

　　成都交通高级技工学校是成都市首批国家重点技工学校，是成都市面向交通行业培养技术工人的唯一一所高级技工学校，是教育部、人社部和财政部批准的首批国家级中等职业教育改革发展示范校建设单位。学校致力于高技能、高素质人才培养，服务地方经济，服务高新企业。为贯彻落实教职成〔2010〕9号文件精神，"积极推进教育内容创新，以人才培养对接用人需求、专业对接产业、课程对接岗位、教材对接技能为切入点，深化内容改革"，我校组织教学经验丰富、实践能力强的教师与行业、企业一线业务技术骨干，编写了中职现代物流专业《仓储与配送实务理实一体化教程》。

　　该教程充分结合了当前国内最领先的实训手段，并结合现实企业真实案例，以图解的方式组织，达到新颖、直观的效果。同时本教程配套提供完整的课程资源包，极大地丰富了教师在教学过程中使用多种教学手段所需要的素材，使得教学过程异常轻松。该教程不但能使学生熟练操作3D系统，更重要的是使学生在校时就能完全按现实企业的实际工作流程进行实训操作，进一步巩固所学知识，掌握与本专业相关岗位的实际应用本领及基本操作技能，培养学生的职业素质。

　　在本教程编写过程中，我们始终贯彻以下原则：

　　（1）岗位的工作目标化；

　　（2）目标的实现流程化；

　　（3）流程化的工作细化；

　　（4）教学内容与3D仿真实践教学环境和企业实景紧密结合，强化技能训练。

　　在教程编写过程中，我们得到了成都市物流协会、成都交通高级技工学校专业建设委员会、广州易胜信息科技有限公司、招商物流、中储物流、成都杜臣物流、一汽国际物流等知名物流企业的大力支持，在此表示衷心的感谢！本教程的编写由于资料和企业实践所限，定会存在不尽如人意之处，敬请专家、读者指正。

编　者

2013年7月

目　录

第一章　业务员 ··· 1
　　实训任务一　签订合同 ·· 2
第二章　客服文员 ··· 22
　　实训任务二　处理客户投诉 ·· 23
　　实训任务三　订单处理 ·· 31
第三章　仓管员 ·· 37
　　实训任务四　制订入库计划 ·· 38
　　实训任务五　货物养护管理 ·· 42
　　实训任务六　制订出库计划 ·· 48
　　实训任务七　盘点作业 ·· 50
第四章　理货员 ·· 55
　　实训任务八　收货作业 ·· 56
　　实训任务九　验货作业 ·· 64
　　实训任务十　上架作业 ·· 67
　　实训任务十一　发货作业 ··· 72
　　实训任务十二　拣选作业 ··· 75
第五章　调度员 ·· 80
　　实训任务十三　车辆调度、装车 ··· 81
第六章　送货员 ·· 89
　　实训任务十四　送货作业 ··· 90
第七章　安全员 ·· 93
　　实训任务十五　消防安全 ··· 94
第八章　综合实训 ··· 101
　　实训任务十六　华联超市配送 ·· 101
　　实训任务十七　苏宁电器配送 ·· 115
　　实训任务十八　便利店配送 ··· 125
第九章　自动立体化仓库 ·· 135
　　实训任务十九　自动立体化仓库入库实训 ·· 135
第十章　仓储配送常用设备 ··· 144
　　实训任务二十　设备识别与使用 ·· 144
参考文献 ·· 154

第一章　业务员

 **岗位介绍**

岗位名称：业务员
所属部门：销售部
直接上级：销售经理
直接下级：无
本职工作：代表企业进行市场开发、签订销售合同，对客户进行售后服务。
岗位职责：
（1）项目前期（项目准备工作）。
　　服从销售部整体工作安排，接受专案组人员编排决定；按时参加销售部或公司组织的案前培训，积极参与实地观测与市场调查；迅速适应环境并开展日常工作。
（2）项目销售期。
　　完成计划销售任务，发挥工作能动性，自主地克服困难并完成各阶段及总体项目销售任务，注意销售数量与质量之间的关系，追求销售量高质优的目标；销售代表应对累积潜在客户进行随时跟踪回访，争取有效客户，促进销售。销售代表有责任对已成交客户进行售后服务工作，根据客户订购条款内容、特殊情况与专案组其他成员共同完成合同签订、催款、特殊事项协调等售后收尾工作，并确保工作的时效与质量。
（3）项目收尾期。
　　进行客户遗留问题处理，完成项目销售个人总结。
岗位职权：
（1）经理授权范围内的合同签订权。
（2）客户服务条款的建议权。
（3）推广方案的建议权。
岗位考核：
（1）货物到达入库及时率：99%＋
（2）业务单证填写/传递：及时率98%＋，准确率100%，完整率100%
（3）客户满意度：100%
（4）完成新客户开发任务。
（5）业务操作记录。

实训任务一　签订合同

任务目标

（1）了解客户开发的流程以及进行客户开发的方法，能够进行仓储客户接洽，能够与客户进行沟通、交流。

（2）学会制订销售计划。

（3）能熟练撰写仓储合同，熟悉合同签订的流程，掌握需签订合同的条款内容和格式。

任务描述

1. 所在公司的背景

益达物流服务有限公司，仓库面积近 20 000 m^2，主要从事第三方仓储配送物流服务，其中主营业务有仓储物流外包服务，包括仓储保管、流通加工、条码管理、装卸作业及城市/国际配送物流服务。公司仓储设备齐全，配有消防龙头50个，消防水带120卷，气体灭火器80个。公司物流服务各项收费如表1-1所示。

表 1-1　报价列表

序号	费用名称	单价（元/m^3）
1	入库费	200
2	出库费	150
3	理货费	40
4	仓储费	40
5	包租费	80
6	装卸费	30
7	加工费	120
8	入库装卸费	35
9	出库装卸费	20
10	包装费	70
11	条码费	60
12	盘点费	120
13	移库费	75
14	退货费	10
15	提货费	120
16	配送费	10
17	特殊处理	20

益达物流服务有限公司基本情况：

法定代表人：刘先生　　　　　　　公司地址：广东省广州市白云区益达园区

公司电话：020-8551×××× 　　　公司传真：020-8551××××

营业执照号：23030219921×××　　开户行：工商银行白云支行

账户：200210301930004×××

2. 客户背景

新华贸易公司注册成立于1992年，是一家以批发贸易为主营业务的独资公司，老板是广东人，40岁，清华大学研究生毕业，性情随和，为人诚信，公司主要经营业务是经营四大类商品的代理、批发及相关的仓储、配送业务。四大类商品分别是电器类、日化类、化妆品类、食品类。公司始终坚持以质量为本，以技术贸易为主导，以服务取胜，以诚信为纲的经营宗旨，凭借良好的信誉在国内外多个领域享有盛誉。

服务的目标客户有：

（1）大型卖场超市（百佳超级市场、好又多超级市场、国美电器城、苏宁电器城）。

（2）小型超市（7-11便利店、OK便利店、华联超市）。

新华贸易公司基本情况：

法定代表人：任先生　　　　　　　公司地址：广东省广州市白云区新华工业园

公司电话：020-8632××××　　　公司传真：020-8632××××

营业执照号：440104209×××　　　开户行：工商银行白云支行

账户：284110301930004×××

3. 实训任务

经过益达物流公司长期的客户拜访与跟进后，新华贸易公司决定在2010年1月14日至2012年1月14日期间将公司所有食品类商品（包括饮料），委托益达公司做物流服务。签订一份编号为：201011YD，合同标题：新华贸易公司仓储合同，包括：仓储保管、流通加工、条码管理、装卸作业及城市配送物流服务。

请根据相关背景资料，以益达物流公司的身份，模拟完成：

（1）制订销售计划。

（2）调查了解新华贸易公司后，建立该公司的拜访资料。

（3）2人一组模拟客户拜访，最终与新华贸易公司建立合作关系。

（4）草拟销售合同，与新华贸易公司签订仓储合同，将仓储合同交销售经理审核。

（5）撰写销售工作报告，进行本月工作总结，并制订下月销售计划。

（6）对销售计划进行审核。

（7）完成不同角色"任务题库"中的内容。

知识链接

1. 签订合同工作流程和涉及工作岗位

本任务涉及业务员（销售代表）、销售经理和总经理，流程如图1-1所示。销售经理和总经理涉及决策的相关问题，签订合同的主要工作是由业务员来完成的。本任务围绕业务员的活动来开展。

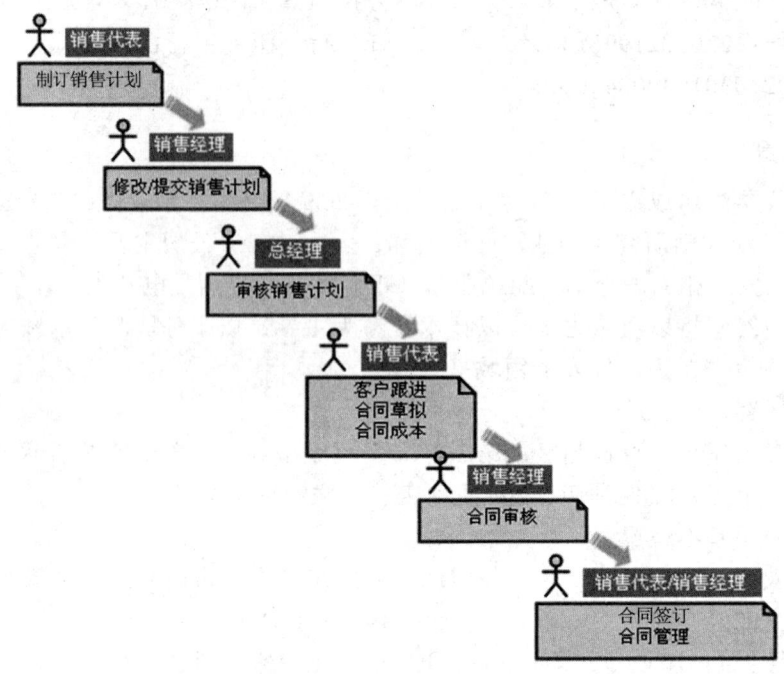

图 1-1 签订合同工作流程和涉及工作岗位

2. 如何制订销售计划

销售人员在制订销售计划时应考虑以下 3 个因素：确保接触顾客的时间最大化；明确所要达成的最终目标；明确达成目标所需的资源。在执行销售计划时，销售人员必须持严谨、认真的态度，必须对自己的计划负全责。此外，销售人员还应定期评估计划的执行情况，并随时督促自己把握好进度，以达成最终目标。

（1）制订销售计划的意义：

① 制订计划的过程是描述成功方法的过程，有了这样的计划，销售目标的实现就更有保证。

② 由于明确地知道自己要做什么和怎么做，就能把时间都用在有效的地方，不会浪费时间，从而提高工作效率。

③ 规划工作和时间管理的习惯是成功者必备的习惯，如果培养好了自己的良好习惯，就会在未来取得更大成就。

（2）制订销售计划应遵循的原则：

① 确保接触顾客的时间最大化。没有接触，就没有业绩，销售人员和准顾客面对面的接触时间决定了他的业绩，销售计划的第一个检查重点是，你是否安排了足够的时间来接触足够多的准顾客。

② 明确所要达成的最终目标。在制订计划前，销售人员必须先了解自己的目标，也就是我们常说的指标。目标是公司对销售人员的期望，也是销售人员需要完成的任务，这些目标通常也必须遵循公司的策略性目标及优先顺序。

③ 充分了解所能利用的资源及其优劣势。要达成目标，销售人员必须先充分了解有哪些资源可用及这些资源的优劣势。下列项目可协助销售人员检讨自己的资源状况：产品知识；价格权限；现有顾客关系；准顾客资料库；销售区域；销售辅助器材。

（3）制订周密的销售计划：

好的销售计划首先是切实可行并有效率的计划。销售人员应该知道要去拜访谁，何时去拜访，每次拜访的目标及方法，争取做到充分利用自己的时间。为了制订有效的销售计划，请充分考虑以下事项并统筹安排自己的时间：

① 制订拜访计划。制订拜访计划时，应根据提供服务的多少和自己的能力来确定拜访次数，并计划出每月每日的拜访次数（包括每日新拜访次数、每日重复拜访次数、每月新拜访次数、每月重复拜访次数）。

② 制订路线计划。好的销售路线是指销售人员能在规定时间内达到规定地点并消除不必要的往返的拜访路线。通常，销售路线有直线型、四叶草型、螺旋形、地带型4种，具体来说："直线型"适用于顾客基本位于一条直线上的情形；"四叶草型"适用于销售区域很大并需要好几天时间才能走遍的情形；"螺旋形"常用于顾客很分散的情形；"地带型"要求将整个区域划分成一定数量的地带。

③ 计划约见顾客的时间。计划好通过电话、销售信函等方式约见顾客所需的时间。充分运用有效的时间段。一般来说，上午10:00-11:30和下午14:00-17:00之间是与顾客会面的最佳时间段，销售人员应充分利用。

④ 做销售准备的时间。具体来说，包括建议书撰写、资料准备等工作。

⑤ 顾客投诉处理时间。销售人员应认识到尽快处理顾客投诉的重要性，并留出专门的时间来处理。

⑥ 实训时间。参与公司内部实训的时间。

⑦ 会议。参加公司会议的时间。

3. 签订合同应当注意事项

在签订合同时，应当注意以下几个方面的问题：

（1）合同条款应齐全。一份完整的合同，应当包括以下基本的内容：标的，即合同双方当事人权利义务所指向的对象，如货物、劳务、工程项目等；数量和质量；价款或者酬金；履行期限、地点和方式；违约责任；争议的解决办法等。

（2）合同内容要合法。签订合同，一定要注意合同内容应符合法律、法规的规定。如果违反了法律、法规的强制性规定，一方面合同本身无效，另一方面还要受到有关机关的查处。

（3）签订合同的方式要合法。当事人之间签订合同，必须遵循自愿、平等的原则，不允许一方将自己的意志强加给对方，更不允许采取欺诈、胁迫的手段迫使对方与自己签订合同。当事人如果采取欺诈、胁迫的手段签订合同，该合同就是不能得到法律保护的无效合同。

（4）委托他人代订合同要注意明确委托权限和事项。当事人可以委托他人代订合同，但是应当出具写明委托人和被委托人姓名、授权委托事项、委托期限等内容的授权委托书，如果委托事项不明确的，就要承担相应的法律责任。

此外，在签订合同时，还应当调查对方当事人的资信状况、履行合同的能力等情况，以免受骗上当，造成不必要的损失。

4. 合同审核的主要内容

合同内容丰富多样，合同的条款可以从几条到上百甚至上千条。因此，对任何一个合同的审核，都应做到有的放矢，对主要的内容和重要的条款作主要的审核。合同的主要内容，根据合同法的规定，主要包括：当事人的名称或者姓名和住所；合同要履行的标的物；标的物数量；标的物质量；标的物价款或者需要支付的报酬；履行期限，履行的地点和履行的方式；违约责任；解决争议的方法。重要的审核内容主要包括以下几方面：

（1）对合同当事人身份和资格的审查。

这是合同审核中首先要确认的问题，也是防止合同诈骗的最有力的防范措施。因为合同当事人的身份和资格是直接关系到合同签订后是否有效，是否能真正履行的先决条件。

首先，应要求对方出示企业营业执照，本人的授权委托书及本人的身份证。还要对企业的生产资格进行审查。比如说，房地产项目的，则一方必须要有房地产资格；特种机电设备生产的，则需要特种机电设备生产许可证；如果是药品的，则需要相应的国家药品生产的许可证，否则，就算合同签订了也常常会无效。

其次，如果是重大的合同，那么，企业在签订合同之前，应派遣相关人员去对方所在地进行审查，考察团的人员应是企业高级管理人员＋主管负责人＋专业技术人员＋法律人士＋财务人员等。这种审查并不仅仅是对对方企业表面化的考察，而是对对方提供的各类执照、证件、资格证、许可证、财务报表等进行仔细的审查。

在对企业本身审查的同时，还应去法院调查核实该企业是否存在诉讼案件，去工商行政管理局调查核实该企业的年检注册和历年的奖罚情况，去土地管理部门和房屋管理部门调查核实该企业是否存在不动产的抵押担保，去税务局调查核实该企业是否存在拖延缴纳税费或者是否还有税费没有及时上缴情况，去环保局调查核实是否存在严重污染环境的行为等。以上几个方面的实地调查核实的信息，都是公开的，因此，企业只要稍微认真，就不难对此进行实地审查，但对企业银行账号的查询则是不容易的。

当然，以上几个方面的调查核实，因合同的内容侧重也就不同。比如说，如果是合作发展项目，那么对缴纳税费的情况调查是必要的；如果是引进生产线，那么对该生产线的环保限制调查必须要详细。如果是房地产项目合作开发，那么对该房地产项目的土地审批的相关手续是否齐全和是否设立过抵押担保的调查则要尽可能详细。

（2）对合同标的物符合国家各项标准（产品质量、卫生防疫等）的审查。

这种审查主要是帮助企业对对方产品质量的一种表面化理解。企业不应该只相信对方提供的各类许可证和证件，而应根据对方提供的相关证件，通过电话咨询、委托异地审查或者实地考察等方式予以实际审核。

（3）价款的支付审查。

对价款如何有效的约定，会直接影响到对方履行合同的心态，直接关系到合同是否会顺利履行。产品销售方，则应审查对方是否有按时支付合同款的能力，应避免出现先供应产品后收款的情况，尤其应注意避免出现"货到后付款"之类的低级错误。产品买受方，则应要求价款的支付应与产品的供应量和供应时间相对应，应尽可能避免出现价款先支付后提供产品的条款。

（4）违约责任的约定。

我们可以说，违约条款的如何约定，直接反映出该合同的质量如何，也直接反映了该合同可以顺利履行的可能性。合同对违约条款的约定越简单,就越容易出现法律纠纷。我们经常会看见合同中关于违约责任的如下约定:双方应严格履行本合同,如一方有违约,则另一方根据法律规定追究其违约责任。稍微懂法律知识的人都知道,这样的约定,对于保障合同的履行是起不了任何积极作用的。合同法早就有规定,合同违约,违约方当然必须要承担违约责任,赔偿对方的经济损失,这是法定义务,无须当事人在合同中约定。但如何赔偿、如何计算经济损失等这些最重要的问题都没有涉及,则会对守约方追究违约方的违约责任造成很大的障碍,而这也是违约责任审核的核心所在。

5. 合同签订后监督和管理注意事项

(1) 应充分注意合同的法定期限和约定的期限。

企业因超过法定规定的期限会丧失合同法规定的一些法定权利的行使权。合同法中有许多法定权的行使都有明确的期限,超过该期限,行使权也就丧失了。而实际上,所有这些期限的规定,对企业履行合同都有相当大的影响。因此,企业应定期翻阅和审核合同备案件,一旦发现问题就及时向领导汇报,并采取相应的补救措施。

(2) 要妥善保管好合同的原件,注意保密合同的具体内容。

合同的原件保管是非常重要的,这不但是合同履行的必要条件,更是索赔的最直接最有力的原始证据。如果企业把合同的原件弄丢了,则会给企业索赔造成非常被动的局面,甚至会导致无法进行索赔。许多合同的内容是企业不愿意公开的,也有些合同中会涉及商业秘密或者技术秘密。对这些合同的保管,显得格外重要。建议将这些合同保管员列入企业商业技术人员中加以管理,以防止泄露重要的内部信息。至于将合同原件保管多长期限,建议越长越好,最短不应少于 2 年期限,这 2 年期限自合同履行完毕之日起计算。之所以是 2 年期限,主要是我国的民事纠纷期限也是 2 年。

6. 所用的工具

电脑、3D 仓储与配送模拟实训系统,如图 1-2、1-3 所示。

图 1-2 电脑

图 1-3 3D 仓储与配送模拟实训系统

实训步骤

1. 组建实训团队

2 个同学组成一个团队,如表 1-2 所示。认真了解实训背景,每个人除了完成下面的任务外，还需要完成任务题库的内容（若时间充裕，可以交换角色实训，熟悉完成这个任务中每个角色所做的事情）。请根据分配的角色登录。

表1-2 团队成员列表

序号	学号（举例）	扮演角色	主要任务	备注
1	XH01	业务员	制订销售计划、建立拜访资料、合同草拟	主训
2	XH02	销售经理	合同审核、撰写销售工作报告	辅助
		总经理	审核工作报告	

2. 制订销售计划

操作流程如下：

（1）XH01用户选择销售代表登录，点击" "回到工作岗位，如图1-4所示。

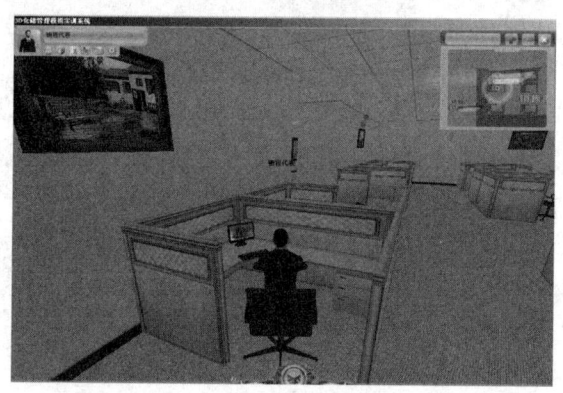

图1-4 业务员工作场景

（2）点击" 实训中心"—"合同管理"，双击"销售计划"，弹出销售工作报告窗口，如图1-5所示。

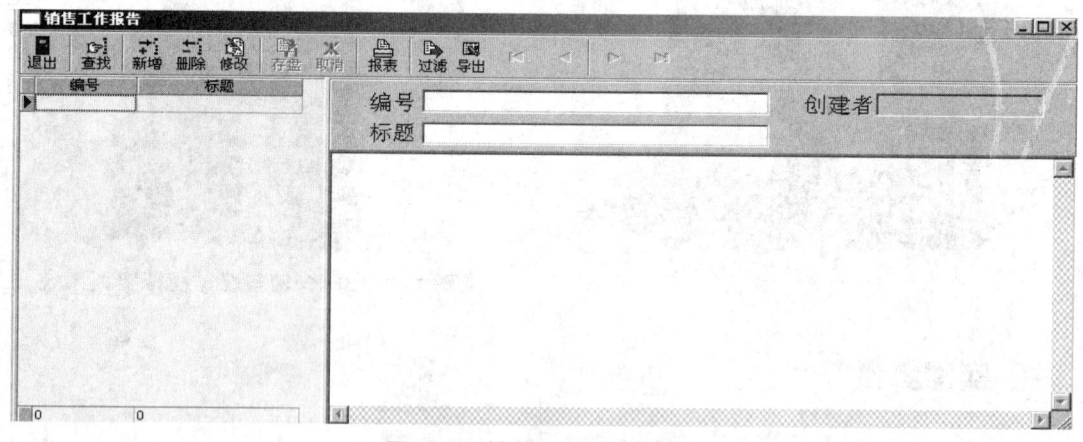

图1-5 销售工作报告窗口

（3）点击"新增"，输入销售报告相关内容后点击"存盘"，如图1-6所示。

第一章 业务员

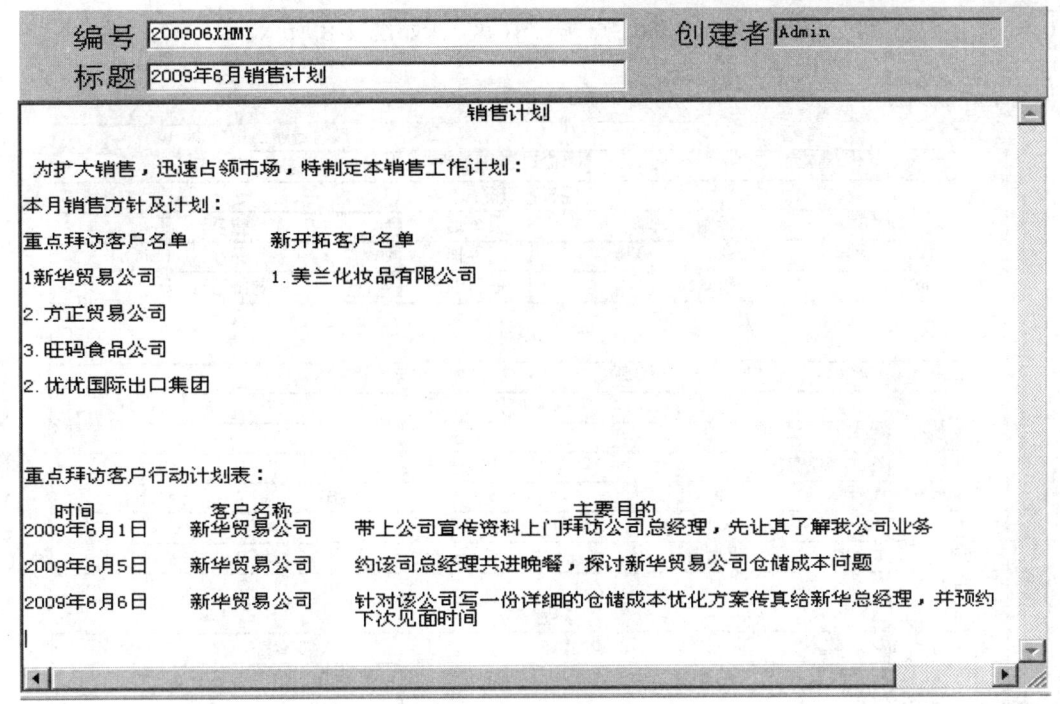

图 1-6 销售计划

3. 建立客户资料

操作流程如下:

(1) XH01 用户点击 "  实训中心" — "客户管理"双击"客户拜访与资料建立",弹出客户拜访与资料建立窗口,如图 1-7 所示。

图 1-7 客户拜访调查表与资料建立窗口

（2）点击"新增"，输入客户资料后点击"存盘"，如图1-8所示。

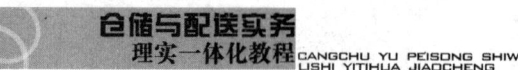

图1-8 客户拜访调查表与资料建立

4. 合同草拟、签订

本模块作为整个流程业务的开始，在商业交易中，当买卖双方达成买卖意向之后，就会通过确立合同的方式来明确双方的权利与义务，草拟合同为正式合同签订的前阶段。

操作流程如下：

（1）XH01用户点击"   实训中心"—" 1 合同管理"双击" 1 销售合同"，弹出合同管理窗口，如图1-9所示。

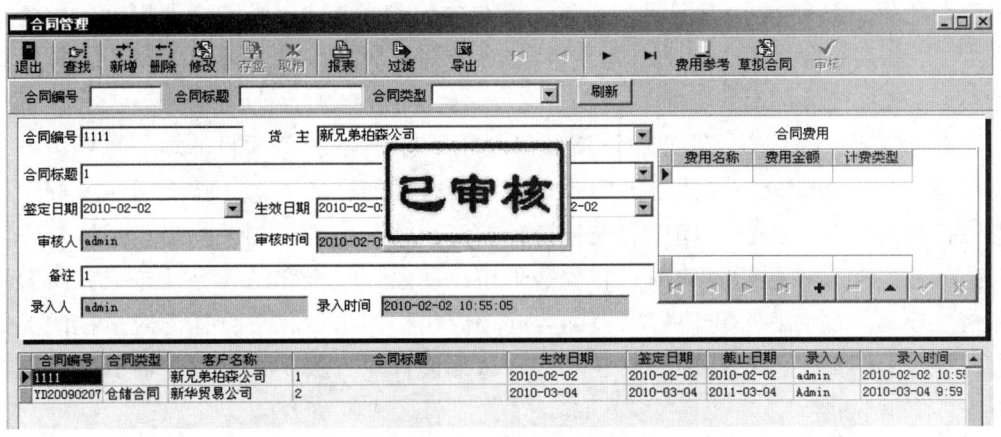

图 1-9　合同管理窗口

（2）点击"新增"，输入合同相关内容，填完合同表格内容后，点击   。

（3）点击   ，弹出草拟合同窗口，如图1-10所示。

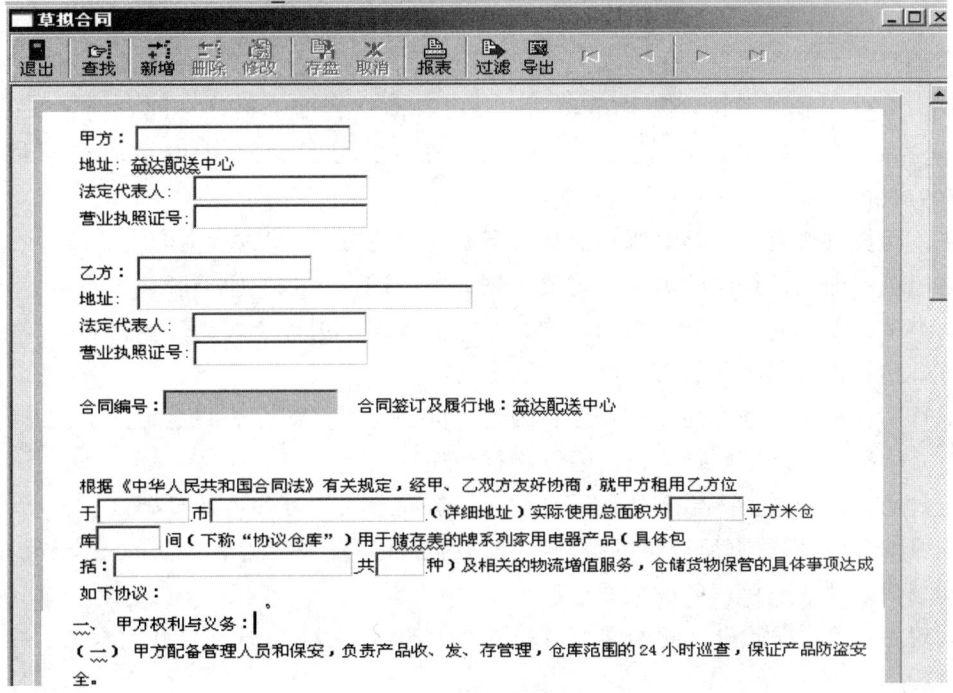

图 1-10　草拟合同窗口

（4）点击 新增，根据任务背景填写合同内容。

各项内容填写说明：

甲方（仓储服务购买方，即租用仓库一方）：名称；地址。

法定代表人：即受公司授权签订此份合同的自然人。

营业执照证号：即公司注册时工商管理局颁发的营业执照上的号码，通常《个体工商户营业执照》注册号由13位数字码连续排列组成：前6位为该个体工商户登记主管机关所在地的行政区划代码；第7位为识别号，个体工商户的识别号为3（私营企业以外的内资企业的识别号为1，私营企业的识别号为2）；后六位为个体工商户登记主管机关赋予个体工商户的序列号，如1101052966541。

乙方（仓储服务提供方，即仓储设施设备财产所有者）：相关项目的填写比照甲方对应项的填写规范。接下来部分为具体合同内容，即该份合同的真实意愿，按要求填好即可。

乙方权利与义务：出租仓库现有设施设备按实际情况填写；相关物流费用按双方协定的实际产生的费用输入，包括收费项目和收费价格；期限、租金和结算办法按双方协商一致后的实际情况填写。同时，一份内容完整的合同还应包括违约后相关责任方应承担的责任，即违约责任规范。最后，草拟好的合同经双方确认无违背双方真实意愿后，需双方代表在合同的最下方签字确认。

甲方、乙方：签上公司的全名称。

授权代表：公司授权签订此份合同的自然人。

日期：即为合同具体签订的日期。

注意事项：草拟合同表体内的合同编号无需手工填写，点"新增"弹出草拟合同表体的时候已自动生成。

合同编号：主要用以区分具体某个时间签订的合同，便于日后针对该合同的履行进行跟踪查阅。编号一般可以按以下规范填写：公司名称首字母＋签订合同日期＋三位数字序列号，如益达物流有限公司于2008年09月12号签订的一份合同则可以表示为YD20080912001。

货主（即货物所有人，物流服务公司的上游客户）：选择相应货主即可。

合同标题：即该份合同的名称，主要根据其类型进行命名，便于区分查找。

合同类型：即合同类属哪方面的合同，如仓储合同，销售合同，劳务合同等。

签订日期：为合同实际签订日期。

生效日期：一般即是合同签订日期，因为合同一经签订即在法律上确立了双方的关系，合同双方必须按合同规定履行合同，否则将构成违约。

截止日期：即合同实际生效的最后日期，一般同合同签订和生效日期。

合同成本分析：即根据所产生的费用和公司通过此单业务所得收益间的一个权衡的对比，通过成本分析来评估该单业务的成效。

合同费用：即完成此份合同的整个过程所产生的相关费用，比照"费用参考"进行填写。

范例：

合同编号：XHMY200907001

货主：新华贸易公司
合同标题：新华贸易公司仓储合同
签订日期：2009-07-01
合同类型：仓储合同
生效日期：2009-07-01
截止日期：2010-07-01
合同费用：如表1-3所示。

表1-3 合同费用

费用名称	费用金额（元）	计费类型
入库费	200	占用面积（1 m³）
出库费	150	占用面积（1 m³）
仓储费	40	占用面积（1 m³）
装卸费	30	占用面积（1 m³）
入库装卸费	35	占用面积（1 m³）
出库装卸费	20	占用面积（1 m³）
盘点费	120	占用面积（1 m³）
移库费	75	占用面积（1 m³）
退货费	10	占用面积（1 m³）
提货费	120	占用面积（1 m³）
配送费	10	占用面积（1 m³）
理货费	40	占用面积（1 m³）
包租费	80	占用面积（1 m³）

仓储合同范本如图1-11、1-12所示。

甲方：益达物流服务有限公司
地址：益达配送中心
法定代表人：杨益
营业执照证号：2303 0219 9211 022

乙方：新华贸易公司
地址：广州市白云区新贸路新华工业区
法定代表人：任新华
营业执照证号：4401 1111 8888 8

合同编号：etwt　　　　　　合同签订及履行地：益达配送中心

根据《中华人民共和国合同法》有关规定，经甲、乙双方友好协商，就甲方租用乙方位于 广州 市 益达配送中心 （详细地址）实际使用总面积为 2000 平方米仓库 2 间（下称"协议仓库"）用于储存美的牌系列家用电器产品（具体包括：芬达饮料、白糖 共 62 种）及相关的物流增值服务，仓储货物保管的具体事项达成如下协议：

一、甲方权利与义务：

（一）甲方配备管理人员和保安，负责产品收、发、存管理，仓库范围的24小时巡查，保证产品防盗安全。

（二）甲方负责对存放于协议仓库内产品向保险公司投普通财产保，并承担保险费用。

（三）仓库范围内，未经甲方许可，乙方不得擅自进入，但甲方必须保证仓库用于协议用途。

（四）协议期内，有权随时对仓库实际使用面积、设施及货物收发存、安全管理等情况进行稽查。

（五）按约定支付租金。

二、乙方权利和义务

（一）按约定提供适用之仓库并保证仓库消防设施符合国家法律、法规规定，根据仓库实际情况，乙方库房范围内必须配备消防龙头 10 个，消防水带 10 卷，气体灭火器 10 支。

（二）水、电、电话设施齐全，并承担安装、使用费用及维护责任，保证甲方正常使用。

（三）保证仓库可防御水浸等意外事故，并承担意外事故赔偿责任。

（四）按约定收取租金。

（五）物流服务收费项目另行约定，参考见下表

图1-11　仓储合同范本（1）

第一章 业务员

相关物流服务费用如下：

序号	物流服务明细	收费用单价	数量	费用合计
1	入库费	200	每立方米	200
2	出库费	150	每立方米	150
3	理货费	40	每立方米	40
4	仓储费	40	每立方米	40
5	包租费	80	每立方米	80
6	装卸费	30	每立方米	30
7	加工费	120	每立方米	120
合计				

三、 期限、租金及结算办法

（一） 租赁期：自 2009-07-01 至 2010-07-01 ，最长不得超过一年，否则超过部分无效。期间界满前半个月，双方协商续约事宜。

（二） 租金：每月每平方米元，每月合计 10000 元。

四、 结算办法：乙方提交等额含 增值 税发票交甲方自签收之日起一个月内电汇至乙方指定银行帐户。

五、 违约责任

（一） 租赁期内，任何一方未经另一方同意，不得擅自解除合同，否则，以一个月租金向守约方支付违约金。但系出现法定之解除因素的除外。如系甲方提前解除合同的，甲方在支付规定违约金后，乙方不得以任何理由扣留甲方产品，否则，由此造成甲方的一切损失由乙方全额赔偿。

（二） 租赁期内，乙方将仓库改作他用的，应提前一个月通知甲方，以便甲方准备转仓事宜，由此造成甲方转仓等费用的增加由乙方承担，并以一个月租金向甲方支付违约金。

（三） 甲方未按约定期限支付租金的，每延迟一天，按应付未付部分的1%支付违约金，并即时支付租金。

（四） 乙方对仓库内产品出现之意外事故（如水浸等）损失按甲方产品出厂价全额赔偿。

（五） 甲方投保范围内出现之产品损失，若系甲方原因造成的，乙方免责；若系乙方原因造成的，且保险理赔额不足以偿还甲方损失的，由乙方全额承担。

（六） 乙方提供之实际使用面积与本协议内所填列面积不符，即少用多填，无论何种原因，经甲方稽查属实，除扣回甲方已多付租金外，按多付金额的100%支付违约金。

（七） 乙方未按本合同规定配置相应设施的，无论何种原因，经甲方稽查属实，除责令乙方限期改正外，按当月租金10%-30%支付违约金。

六、 本协议未尽事宜及所发生之纠纷由双方协商解决，协商不成由甲方所在地法院管辖。

七、 本协议一式两份，自双方签字、盖章之日起生效，双方各持一份，具同等法律效力。

甲方：益达物流服务有限公司　　乙方：新华贸易公司

授权代表：杨益　　授权代表：任新华

日期：2009-07-01　　日期：2009-07-01

图 1-12 仓储合同范本（2）

（5）根据任务背景合同内容填写好后点击 [存盘]，点击 [×] 关闭 [草拟合同] 窗口，关闭 [合同管理] 窗口，系统弹出提示，如图1-13所示。

图1-13 消息提示

（6）点击 [确定] 关闭提示内容后，系统将自动播放与客户签订合同动画，如图1-14所示。

图1-14 签订合同画面

（7）动画播放完毕后弹出 [草拟合同] 窗口，点击 [修改]，填写完整甲方、乙方、授权代表和日期后 [存盘]，弹出提示，如图1-15所示。

图1-15 消息提示

5. 合同审核

销售代表与客户签订合同后,合同经审核才生效。

操作流程如下:

(1) XH02 用户选择 销售部 — 销售经理,点击 下一步 登录,如图 1-16 所示。

图 1-16 销售经理办公场景图

(2) 点击" "回到工作岗位。

(3) 点击" 实训中心"—" 1 合同管理"—" 1 合同审核",打开 合同管理 窗口,如图 1-17 所示。

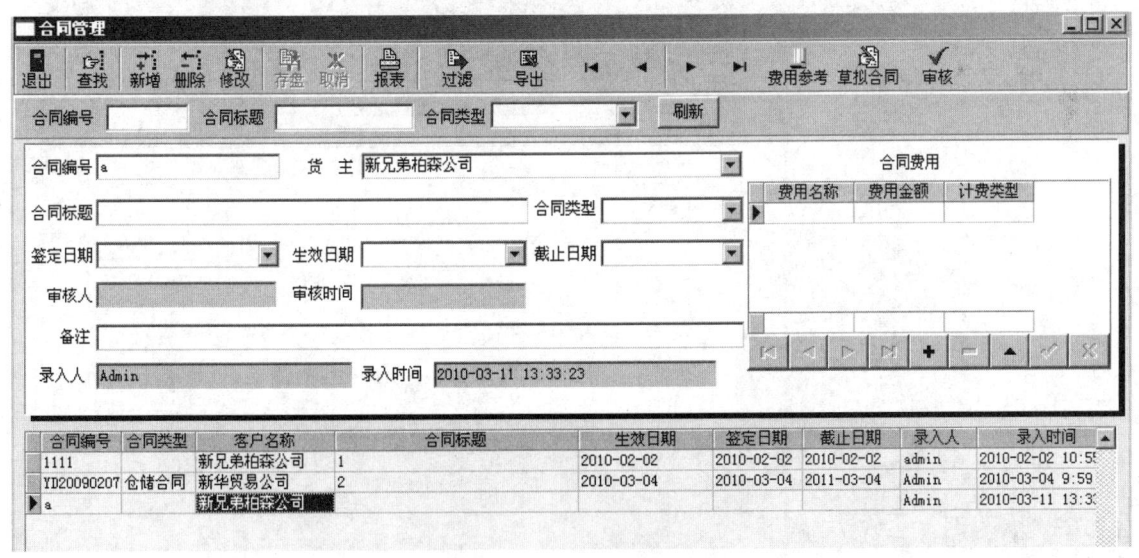

图 1-17 合同管理窗口

(4) 找到刚才签署的那份合同,认真查阅各项后,点击" 审核 "—"是"即可,如图 1-18 所示。

图 1-18　已审核合同管理窗口

6. 撰写销售工作报告

操作流程如下:

(1) 销售经理审核完合同后关闭 合同管理 窗口,在"实训中心"—" 2 销售管理 "

双击" 2 销售工作报告 ",弹出 销售工作报告 窗口,如图1-19所示。

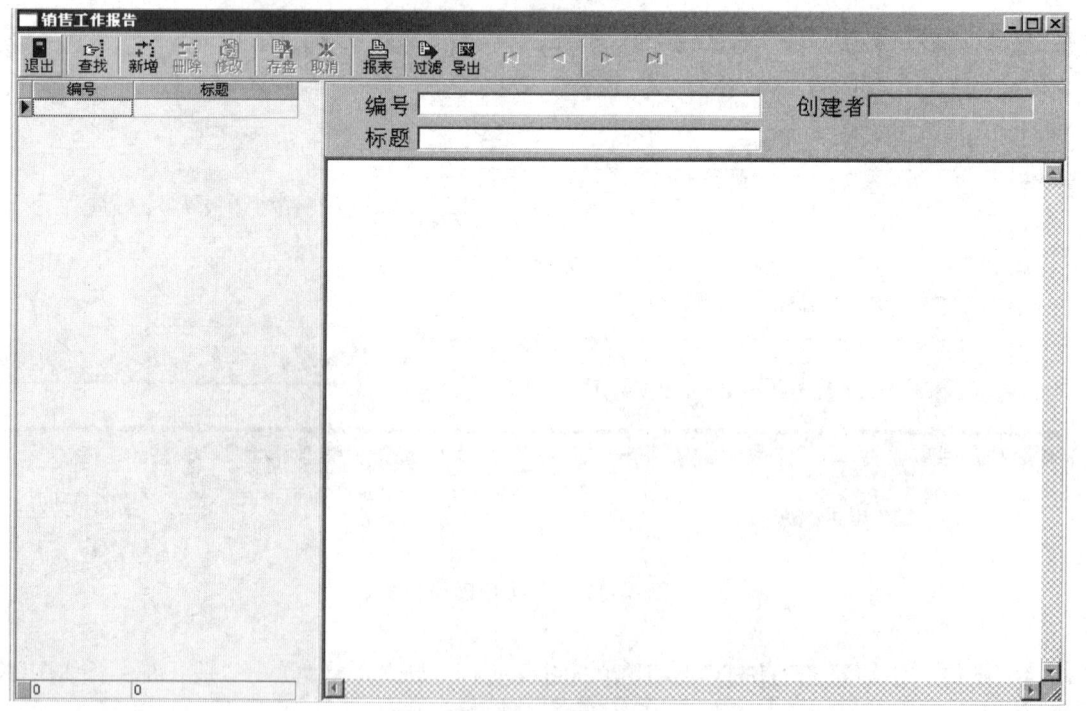

图 1-19　销售工作报告窗口

（2）点击 ![新增]，撰写好内容后点击 ![存盘]，如图 1-20 所示。

图 1-20　工作计划存盘窗口

7. 审核工作报告

操作流程如下：

（1）XH02 用户选择总经办—![总经理]，点击 ![下一步] 登录，点击 "![图标]" 回到工作岗位，如图 1-21 所示。

图 1-21　总经理工作场景

（2）在 "实训中心"—"2 审核各种计划" 双击 "1 审核销售计划"，弹出 审核销售计划 窗口，如图 1-22 所示。

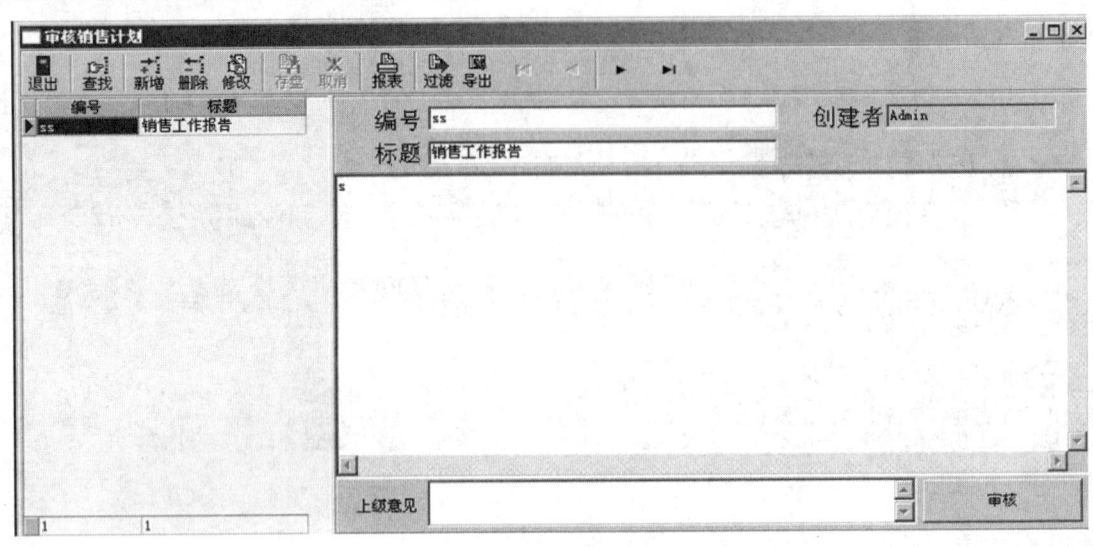

图 1-22 审核销售计划窗口

图 1-23 审核提示

(3) 点击 [修改],查看销售经理撰写的销售计划后填写 [上级意见],填写完毕后点击 [审核],提示如图 1-23 所示。

(4) 点击 [是(Y)],合同业务任务结束,如图 1-24 所示。

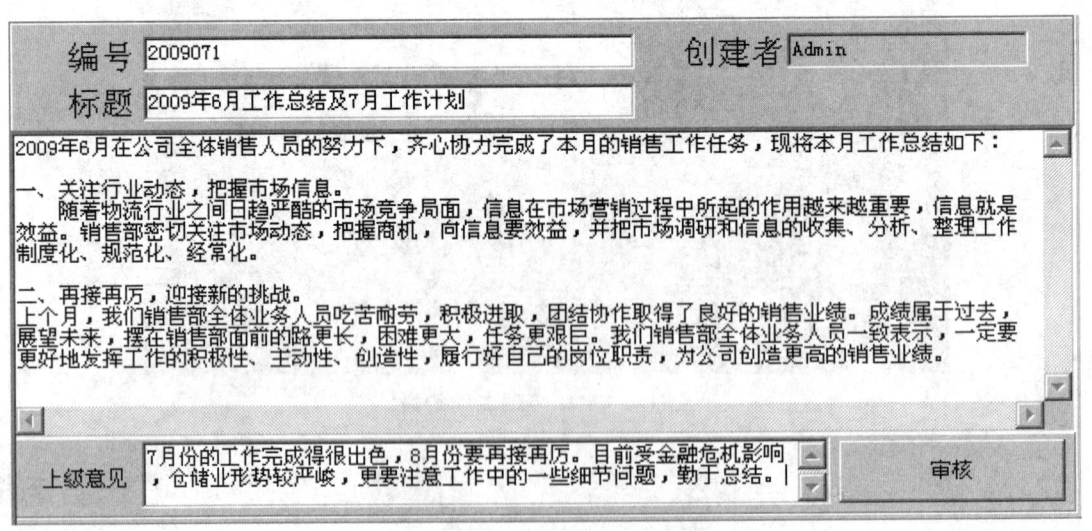

图 1-24 合同业务任务结束窗口

 **考核标准**

签订合同作业考核标准

序号	项 目	所占分值	实际得分	备注
1	销售计划内容合理	20		
2	客户资料正确建立	15		
3	合同内容符合案例背景	15		
4	销售工作报告内容合理	15		
5	审核工作	10		
6	业务流程正确	10		
7	任务题库答题正确率	15		

第二章　客服文员

 **岗位介绍**

岗位名称：客服文员
所属部门：客服部
直接上级：客服经理
直接下级：无
本职工作：维持良好的客户关系，及时处理订单。
岗位职责：

（1）负责公司客户信息的管理，包括客户各项信息数据录入的及时性、准确性、真实性。

（2）客户数据的定期备份。

（3）客户定期的回访及处理日常客户投诉问题，对客户所提的意见及建议进行反馈，并进行跟踪处理，日常客户问题的收集分析。

（4）接听客户来电，回复后台问题，回复客户邮件。

（5）运输业务接单与回单管理，负责公司客户资料、公司文件等资料的管理、归类、整理、建档和保管工作。

（6）完成客服经理交办的其他事务。

岗位职权：

（1）经理授权范围内的现场情况处置权。

（2）客户服务条款的建议权。

（3）改进客户服务水平的建议权。

岗位考核：

（1）客户满意度：98%

（2）订单及时处理率：100%

（3）客户资料正确率：100%

（4）质量保证能力：95%＋

（5）业务单证处理（填写，传递）：

　　及时率：98%

　　准确率：100%

　　完整率：100%

实训任务二 处理客户投诉

任务目标

（1）及时处理客户投诉并制订合理的解决方案。
（2）掌握投诉处理的原则、技巧和有效方法。

任务描述

1. 实训背景

（1）延时送达事件。

任务背景：广东科迪电器有限公司因未能准时收到订单号为 KLDQ200907421 的货物，造成了很大一笔损失。负责人非常气愤地打来电话要求取消同益达物流公司的合作协议。

内部调查原因：益达物流公司派了一名新司机送货，由于不熟悉路线，绕了路。加上路上碰到交通事故塞车，因而未准时送达。

（2）货物变质事件。

任务背景：2009 年 8 月 1 日，益达物流公司接到新华贸易公司投诉，上午送至 OK 便利店的鸡蛋有 50%已经成了"臭鸡蛋"，提出此事是益达公司库内管理单方的问题，理赔方式要求全赔。

内部调查原因：入库时客服文员将食品生产日期打错了。鸡蛋原本的保质期是 3 个月，结果存放了 4 个月才出库。

（3）意外事件。

任务背景：2009 年 8 月 1 日，广州浪潮服饰公司委托益达物流公司送 1 000 件女装至万佳超市，路途中适逢天降大暴雨，货物送至目的地时已全被淋湿，万佳超市拒绝收货，随即，广州浪潮服饰公司打来投诉电话，认为此事益达物流公司应负全责。

内部调查原因：驾驶员和送货员完成装车后，未加盖篷布做防雨准备，因而被突降的大雨淋湿了服饰。

2. 实训任务

（1）根据相关背景资料，模拟完成以上 3 单的投诉事件：
① 对客户投诉问题进行登记；
② 对客户投诉问题进行审核，制订解决方案；
③ 制订客户理赔方案。
（2）完成不同角色"任务题库"中的内容。

知识链接

1、处理客户投诉工作流程和涉及工作岗位

本任务涉及客服文员和客服经理,基本流程如图2-1所示。

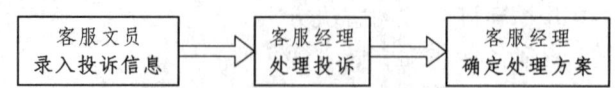

图2-1 处理客户投诉工作流程和涉及工作岗位

2. 处理客户投诉技巧

当客户在接受企业物流服务的过程中进行投诉时,原因可能是来自于物流部门提供的商品,也可能来自于服务。投诉的行为一旦做出,不论是对客户,或是对物流部门而言,都是一个不愉快的事情。

从客户角度来说,拿到与订单不符的商品或是对物流部门提供的服务品质和项目不满,都可能会对客户的经营造成伤害。至于物流部门本身,则可能因为客户的不满而降低其对企业的信心。情况严重的,还可能影响到企业的信誉及利润。有的研究资料指出,客户宛如企业的免费广告,当客户有好的体验时会告诉5个其他的客户,但是一个不好的体验可能会告诉20个其他客户。因此,如何让客户成为企业有利的免费宣传媒介,使企业不断发展下去,在一定程度上有赖于企业物流服务人员能否谨慎处理客户的每一个不满与投诉。

3. 物流部门对客户投诉的处理步骤

不论是第一线的物流业务人员、管理人员或者是部门负责客户服务的专职人员,在接获客户投诉时的处理原则都是一致的。其主要目的在于使客户的投诉得到妥善的处理,在情绪上觉得受到尊重。因此,在处理客户抱怨时应遵循下列步骤,如图2-2所示。

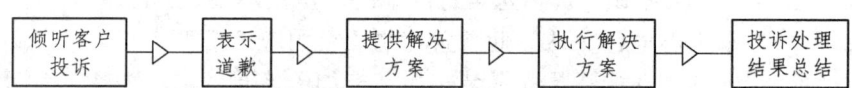

图2-2 客户投诉处理步骤

步骤一、要有效地倾听客户的各种不满陈述。

为了让客户心平气和,在有效倾听时应做到下列事项:

(1)让客户先发泄情绪。当客户还没有将事情全部述说完毕之前,就中途打断,做一些言词上的辩解,只会刺激对方的情绪。如果能让客户把要说的话及要表达的情绪充分发泄,往往可以让对方有一种较为放松的感觉,心情上也比较平静。

(2)善用自己的肢体语言,并了解客户目前的情绪。在倾听的时候,应以专注的眼神及间歇的点头来表示自己正在仔细地倾听,让客户觉得自己的意见受到重视。同时也可以观察对方在述说事情时的各种情绪和态度,以此来决定以后的应对方式。

（3）倾听纠纷发生的细节，确认问题所在。倾听不仅只是一种动作，还必须认真了解事情的每一个细节，然后确认问题的症结所在，并利用纸笔将问题的重点记录下来。如果对于投诉的内容不是十分了解，可以在客户将事情说完之后再问对方。不过在这些过程中，千万不能让客户产生被质问的印象，而应以婉转的方式请对方提供情况，例如："很抱歉，有一个地方我还不是很了解，是不是可以再向您了解下有关……的问题。"并且在对方说明时，随时以"我懂了"来表示对问题的了解状况。

步骤二、表示道歉。

不论引起客户不满的责任是否属于物流部门，如果能够诚心地向客户道歉，并对客户提出的问题表示感谢，都可以让客户感到自己受到重视。事实上，从物流部门的立场来说，如果没有客户提出投诉，物流经理也就不知道有哪些方面的工作有待改进。一般来说，客户之所以投诉，表示他关心这家企业，愿意继续与之合作，并且希望这些问题能够获得改善。因此，任何一个客户投诉都值得物流部门道歉并表示感谢。

步骤三、提供解决方案。

对所有的客户投诉都必须提出解决问题的方案。在提供解决方案时，必须考虑下列几点：

（1）掌握问题重心，分析投诉事件的严重性。通过倾听将问题的症结予以确认之后，要判断问题严重到何种程度，以及客户有何期望。这些都是处理人员在提出解决方案前必须考虑的。例如，客户对于配送时间延迟十分不满，进行投诉，就必须先要确认此行为是否已对客户造成经营上的损失，若是希望赔偿，其方式是什么，赔偿的金额为多少，这些都应该进行相应的了解。

（2）有时候客户投诉的责任不一定属于物流部门，可能是由企业其他部门所造成。例如送过去的产品——奶粉里面发现异物，其责任应在企业生产部门，此时应会同生产部门处理，并为客户提供协助和保持联络，以表示关心。

（3）按照物流部门既定的办法处理。物流部门一般对于客户投诉有一定的处理方法，在提出解决客户投诉的办法时，要考虑到既定方针。有些问题只要引用既定的办法，即可立即解决，例如补货、换货的处理；至于无法援引的问题，就必须考虑做出弹性的处理，以便提出双方都满意的解决办法。

（4）处理者权限范围的确定。有些客户投诉可以由物流部门的客户服务人员立即处理，有些就必须报告物流经理，这些都视物流部门如何规定各层次的处理权限范围而定。在服务人员无法为客户解决问题时，就必须尽快找到具有决定权的人士解决，如果让客户久等之后还得不到回应，将会使其又回复到气愤的情绪上，前面为平息客户情绪所做的各项努力都会前功尽弃。

（5）让客户认同解决方案。处理人员所提出的任何解决办法，都必须亲切诚恳地与客户沟通，并获得对方的同意，否则客户的情绪还是无法恢复。若是客户对解决方法还是不满意，必须进一步了解对方的需求，以便做新的修正。有一点相当重要：对客户提出解决办法的同时，必须让对方也了解物流部门为解决问题所付出的诚心与努力。

步骤四、执行解决方案。

当双方都同意解决的方案之后，就必须立即执行。如果是权限内可处理的，就迅速解决。若是不能当场解决或是权限之外的问题，必须明确告诉对方事情的原因、处理的过程与手续、通知对方处理的时间及经办人员的姓名，并且请对方留下联络方式，以便事后追踪处理。在客户等候期间，处理人员应随时了解投诉处理的过程，有变动必须立即通知对方，直到事情全部处理结束为止。

步骤五、客户投诉处理结果总结。

这一步骤主要应从以下两个方面做好工作：

（1）检讨处理得失。对于每一次的客户投诉，都必须做好妥善的书面记录并且存档，以便日后查询。物流经理应定期检讨投诉处理的得失，一旦发现某些投诉是经常性发生的，必须追查问题的根源，以改进现有作业，或是制订处理的办法；如果是偶发性或特殊情况的投诉事件，也应制订相应规定，作为物流员工再遇到类似事件时的处理依据。

（2）对物流部门员工宣传并防止日后再发生类似投诉事件。所有的客户投诉事件，物流经理都应通过固定渠道，如例会等在部门内宣传，让员工能够迅速改善造成客户投诉的各项因素，并了解处理投诉事件时应避免的不良影响，防止类似事件再度发生。

4. 客户投诉处理作业要领培训

处理客户投诉最重要的一件事，就是要让每一个投诉事件的处理方式具有一致性。如果同一类型的客户投诉，因为处理人员的不同而有不同的态度与做法，势必让客户丧失对这家企业的信心。客户投诉的方式不外乎电话投诉、信函投诉，或者是直接到物流部门当面投诉这3种方式。依据客户投诉方式不同，可以分别采取下列行动：

（1）客户电话投诉的处理。

① 倾听对方的不满，考虑对方的立场，同时利用声音及话语来表示对其不满情绪的支持。

② 从电话中了解投诉事件的基本信息。

③ 如有可能，把电话的内容予以录音存档，尤其是特殊或涉及纠纷的抱怨事件。

（2）信函投诉的处理。

① 立即通知客户已经收到信函，表示诚恳的态度和解决问题的意愿。

② 请客户告知联络电话，以便日后的沟通和联系。

（3）当面投诉的处理。

① 用上面所说到的"抱怨处理步骤"妥善处理客户的各项投诉。

② 各种投诉都需填写"客户投诉记录表"。对于表内的各项记载，尤其是名称、地址、联络电话以及投诉内容必须复述一次，并请客户确认。

③ 所有的投诉处理都要制订结束的期限。

④ 必须掌握机会适时结束，以免因拖延过长，浪费双方的时间。

⑤ 客户投诉一旦处理完毕，必须立即以书面的方式通知对方，并确定每一个投诉内容均得到解决及答复。

⑥ 谨慎使用各项应对措词，避免导致客户再次不满。

5. 所用的工具

电脑、3D仓储与配送模拟实训系统。

实训步骤

1. 组建实训团队

2个同学组成一个团队，如表2-1所示。认真了解实训背景，每个人除了完成下面任务外，还需要完成任务题库的内容（若时间充裕，可以交换角色实训，熟悉完成这个任务中每个角色所做的事情）。请根据分配的角色登录。

表 2-1 团队成员列表

序号	学号（举例）	扮演角色	主要任务	备注
1	XH01	客服文员	投诉信息录入	
2	XH02	客服经理	投诉问题解决	
			客户理赔方案的制订	

图 2-3 和图 2-4 所示为实训中的岗位图片。

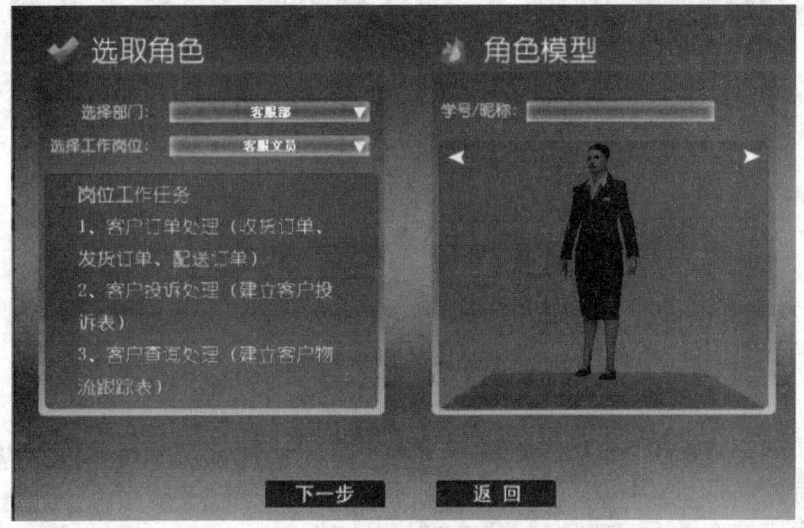

图 2-3 客服文员图片

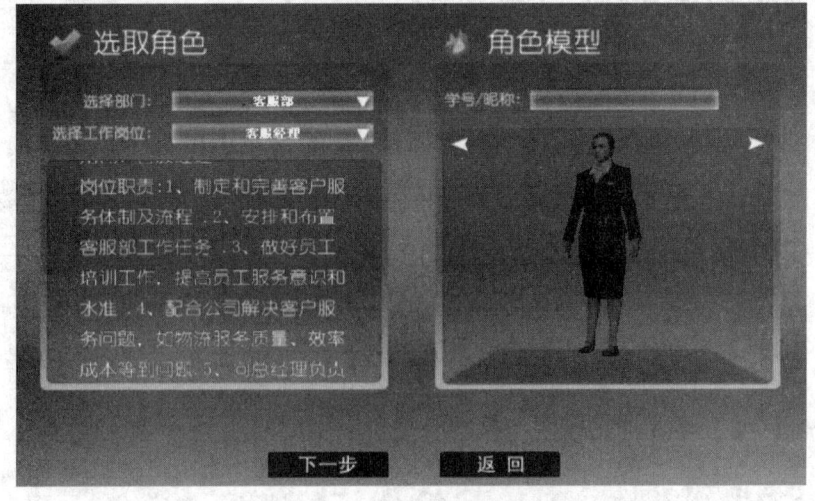

图 2-4 客服经理图片

2. 客户投诉处理

操作流程如下：

（1）在"客服部—客服文员"登录，弹出客服文员主界面，单击" "图标回到工作岗位，如图2-5所示。

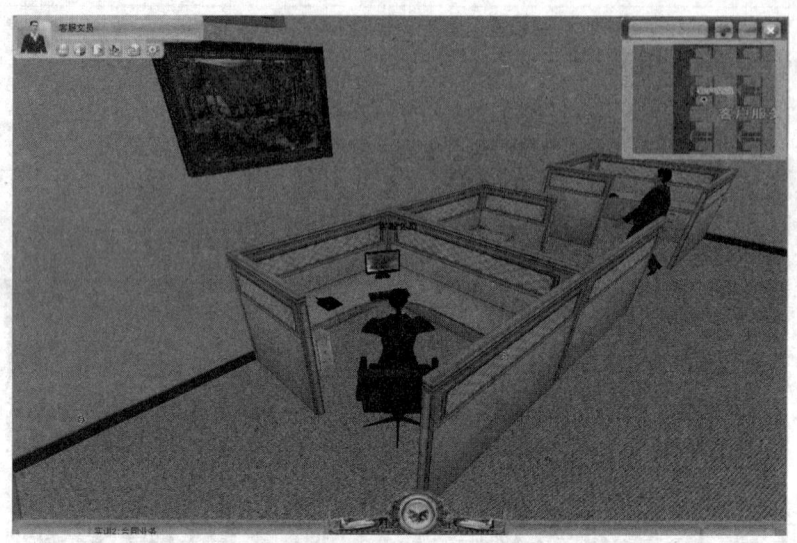

图2-5 客服文员工作场景

（2）在"任务中心"双击"实训任务2：客户投诉处理"任务，查看任务背景，如图2-6所示。

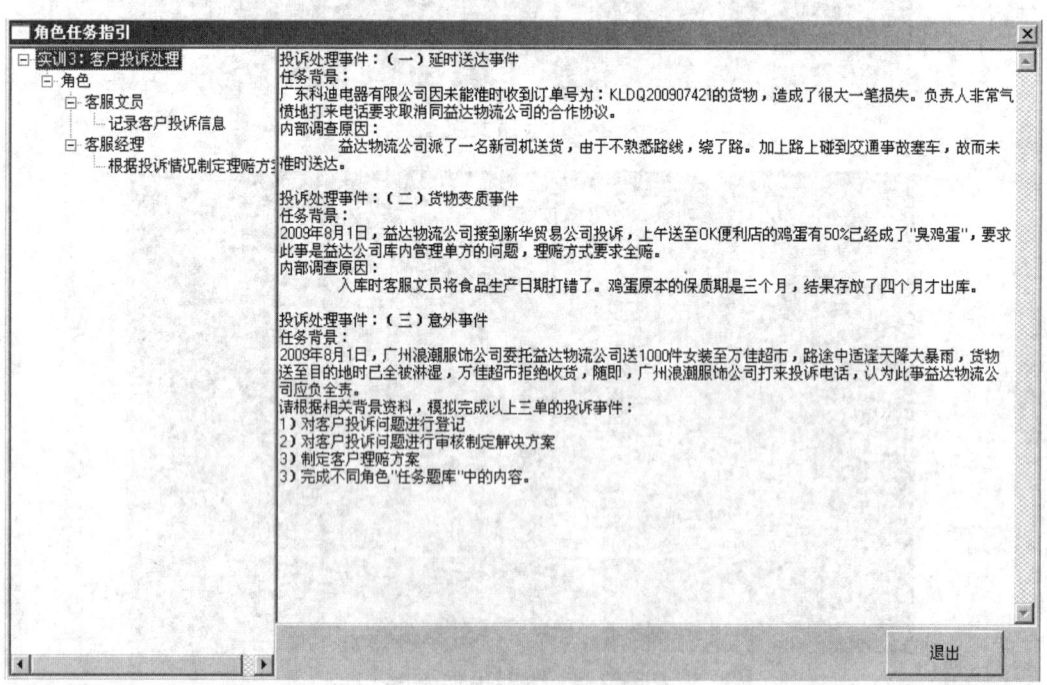

图2-6 角色任务指引

（3）退出 关闭 角色任务指引 窗口，点击" "—"客户管理"—"客户投诉表"，弹出下面窗口—"新增"，如图2-7所示。

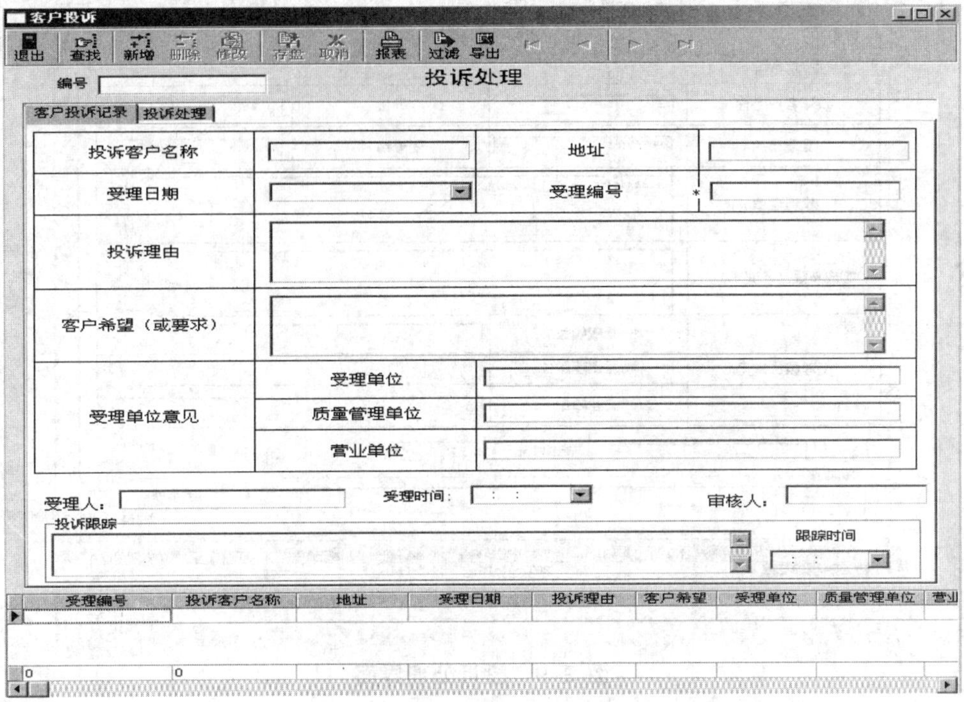

图2-7 投诉处理界面

（4）填写好上表后单击"存盘"，则这张投诉单系统自动流向客户经理处理。

3. 处理客户投诉

（1）在"客服部—客服经理"登录，弹出客服经理主界面；单击" "图标回到工作岗位。如图2-8所示。

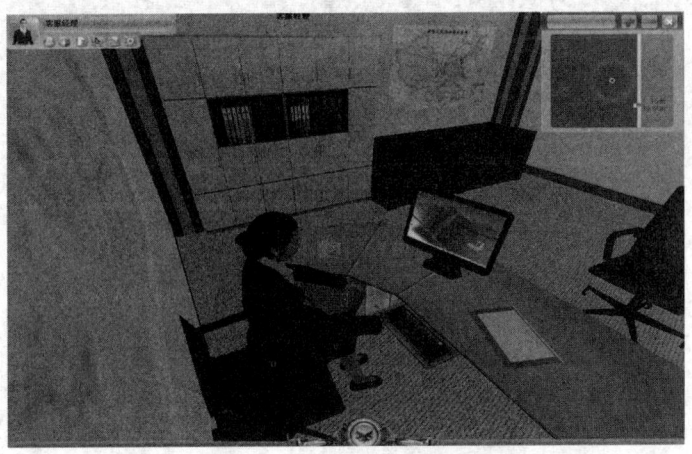

图2-8 客服经理工作场景

（2）"任务中心"—"客户投诉处理"—""—"投诉处理",弹出界面窗口,如图2-9所示。

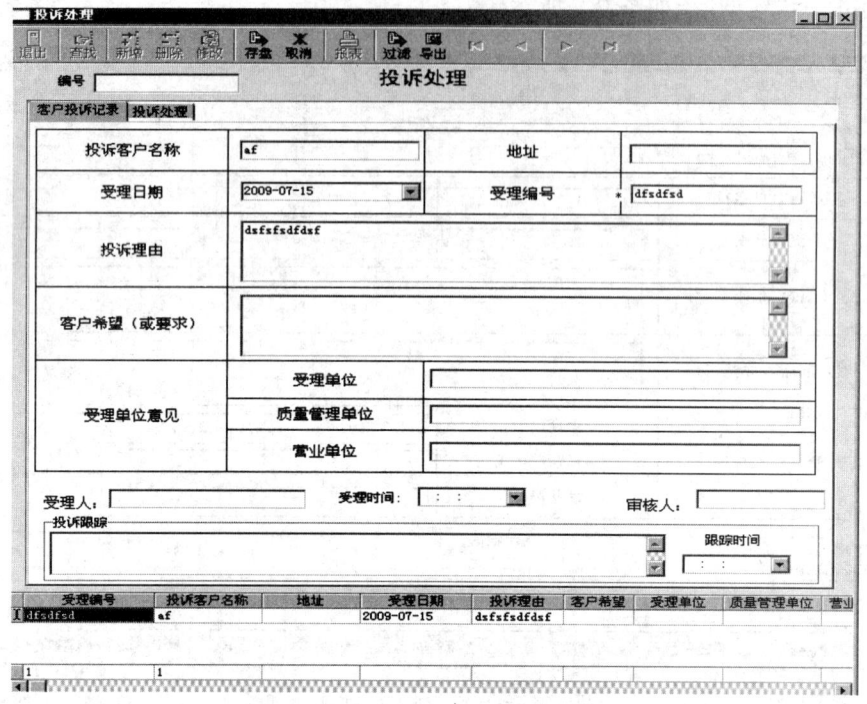

图 2-9　投诉处理界面

（3）在弹出的窗口中单击"修改",切换到"客户投诉记录"选项卡查看投诉原因后再切换到"投诉处理"选项卡,输入处理意见后单击"确认"。

（4）单击"实训中心"—"1 客户管理"—"2 客户服务建议书",单击"新增",制订相应的理赔计划后单击"存盘",如图2-10所示。

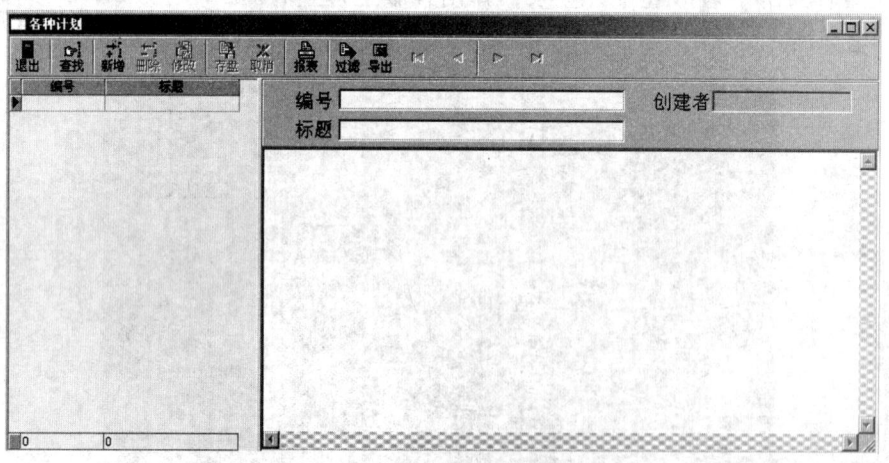

图 2-10　制订理赔方案界面

实训任务到此结束。

考核标准

处理客户投诉作业考核标准

序号	项目	所占分值	实际得分	备注
1	有针对性地记录客户投诉	10		
2	对客户投诉的响应速度	5		
3	制订合理的理赔建议书	5		
4	业务流程正确	5		
5	任务题库答题正确率	2		

实训任务三　订单处理

任务目标

（1）能根据工作任务缮制入库单。
（2）能根据工作任务缮制出库单。

任务描述

1. 入库任务

2012年6月20日，益达物流有限公司客服部收到新华贸易公司采购部韩先生传真发来的入库通知单，如图2-11所示，货物在一号仓库保管。客服文员张××缮制入库单。

入库通知单

单据号：RW201206200043

益达物流公司：

根据贵我双方签署的保管合同，我公司现有一批货物委托某物流公司运送至贵公司储存，6月22日上午送到，请安排接收，具体产品如下：

货物编号	货品名称	单位	数量	包装箱尺寸	体积 m³	重量 kg
GZB080214	214曼秀雷敦泡沫洁面乳	箱	100	58 cm×34.5 cm×17.5 cm	0.035 02	0.58
GZB080209	209双效美白面膜 28 mL	箱	150	41 cm×39 cm×20 cm	0.031 98	0.41
GZB080058	058温和洁面泡沫	箱	50	51 cm×31 cm×18.5 cm	0.029 25	0.51
GZB080212	212抗皱修护面膜 28 mL	箱	100	41 cm×39 cm×20 cm	0.031 98	0.41

请在2012年6月22日完成入库。联系人：刘×。电话：026-8524××××

新华贸易公司

2012年6月20日

图2-11　入库通知单

2. 出库任务

2012年7月5日益达物流有限公司客服部收到广西南方食品公司销售部林先生传真发来的送货通知单,如图2-12所示。货物在一号仓库保管,客服文员张××缮制出库单(送货通知单)。

送货通知单
单据号:RW201207051304

益达物流公司:

请安排,在2012年7月8日上午8:00前把货送到客户处,具体如下:

收货单位:好又多超市北京路店　　联系人:李×　　电话:020-2102××××

货物编号	货品名称	单位	数量	包装箱尺寸	体积 m³	重量 kg
022	720 g 南方芝麻糊(高钙)	箱	15			
007	600 g 南方芝麻糊(低糖)	箱	20			
011	600 g 南方黑豆奶(30 g×16)	箱	50			

广西南方食品公司
2012年7月5日

图2-12　送货通知单

知识链接

1. 缮制入、出库单涉及的工作岗位

缮制入、出库单只同客服文员有关。

2. 收货单与出货单

收货订单是收货的一份单据,包含了交货收货双方的相关信息以及货物的具体资料等。

出货单作为发货的一份单据,包含了交货收货双方的相关信息以及货物的具体资料等。主要是根据客户的订单和送货单产生的。

3. 订单的接收方式

长久以来,利用人工将业务员带回的订单、客户电话、传真、邮寄等订货资料输入计算机,是多数企业所使用的方法。但这种方式所需的人工成本较高,而且也不能保证效率和准确性。随着业务规模的增大和订单的大量增加,以及所订物品的种类越来越繁杂,订货前置时间的缩短,使人工输入方式暴露出越来越多的弊端。

结合计算机与通信技术,将客户的电子订货资料通过电信网络直接转入计算机系统,可以省却人工输入这一环节。电子订货方式即为联机输入。电子订货系统(EOS)是指将批发、零售企业所发生的订货数据输入计算机,即通过计算机通信网络连接的方式将资料传送至总公司、批发商、供货商或制造商处。

4. 订单的状态

通常订单可分为以下几种状态：

（1）已输入及已确认订单。

订单上的订货资料已经输入系统，而且所有需要确认的条件都已经核查处理完毕，则此订货资料即为企业已接受的客户出货资料，其中包括物品项目、数量、单价、交易配送条件等。

（2）已分配订单。

经过输入确认的订单资料，即可进行库存的分配，以确认订单是否能如数出货，以及发生缺货时应如何处理。经过库存分配的已输入及已确认订单，即转为已分配订单。

（3）已拣货订单。

经过库存分配，生成出货指示资料的订单，即可进行实际的物流拣货作业，而已打印拣货单进行拣货作业的已分配订单，就转为已拣货订单。

（4）已出货订单。

已拣货订单，经过分类、装车、出货后，变成已出货订单。

（5）已收款订单。

已出货订单，经由客户确认签收后，即为实际的出货资料，该资料为应收账款的依据。根据这些资料的记录，制作取款发票向客户收取货款。取得账款的出货订单，即转为已收款订单。

（6）已结账订单。

已收款订单经由内部确认结账后，即转为已结账订单。已结账订单为历史交易资料，在系统里可用于经营管理分析，但不再涉及任何实际的事务性操作。

5. 订单是整个信息流的开端

订单处理既是企业物流作业的开端，也是整个信息流作业的起点。在企业的管理信息系统中，大量原始订单经过订单处理系统处理后，生成出货指示资料，转入派车管理系统进行配送路径安排及车辆指派。同时，每天的派车资料也是运费管理及车辆／行车管理系统的资料来源。另外，出货指示资料也要输入出货管理系统，进行出货资料的实际修正（拣货后）及出车时出货信息的确认。当配送完成后，出货资料经回库处理系统确认实际送货资料后，即可进入客户应收账款系统进行账款结算。由此可见，许多子系统的资料及报表都来源于订单资料。因此，订单管理系统的作业绩效关系着整个信息系统的绩效，并影响着作业处理的正确性及效率。

6. 缮制入、出库单注意事项

（1）要写清楚出库和入库单上的产品名称，数量和单价，填写要正确；

（2）商品出库必须依据货主开出的"商品调拨通知单"（或送货单）进行。"商品调拨通知单"的格式不尽相同，不论采用何种形式，都必须是符合财务制度要求的有法律效力的凭证，要坚决杜绝凭信誉或无正式手续的发货。

（3）缮制入、出库单的速度要快，同时保证各方面的信息不会出错。

7. 所用的工具

电脑、3D 仓储与配送模拟实训系统。

实训步骤

1. 缮制入库单

操作步骤如下:

(1) XH01 用户选择客服文员登录,单击回到工作岗位图标" ",如图 2-13 所示。

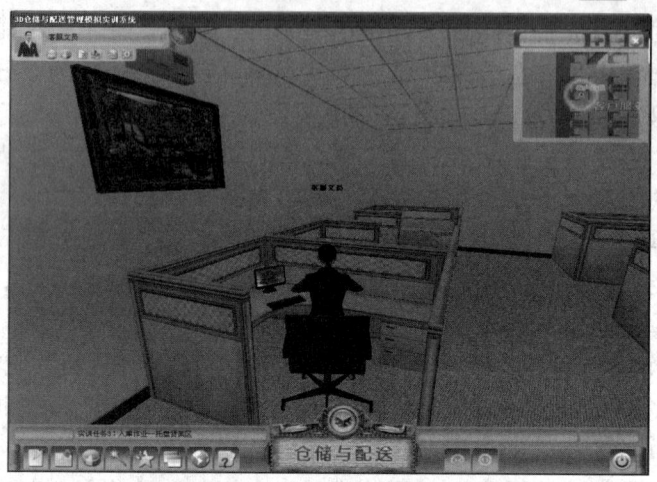

图 2-13 客服文员工作场景

(2) 选择" 实训中心"—" 1 订单管理 1 收货订单",弹出货物收货订单作业框,如图 2-14 所示。

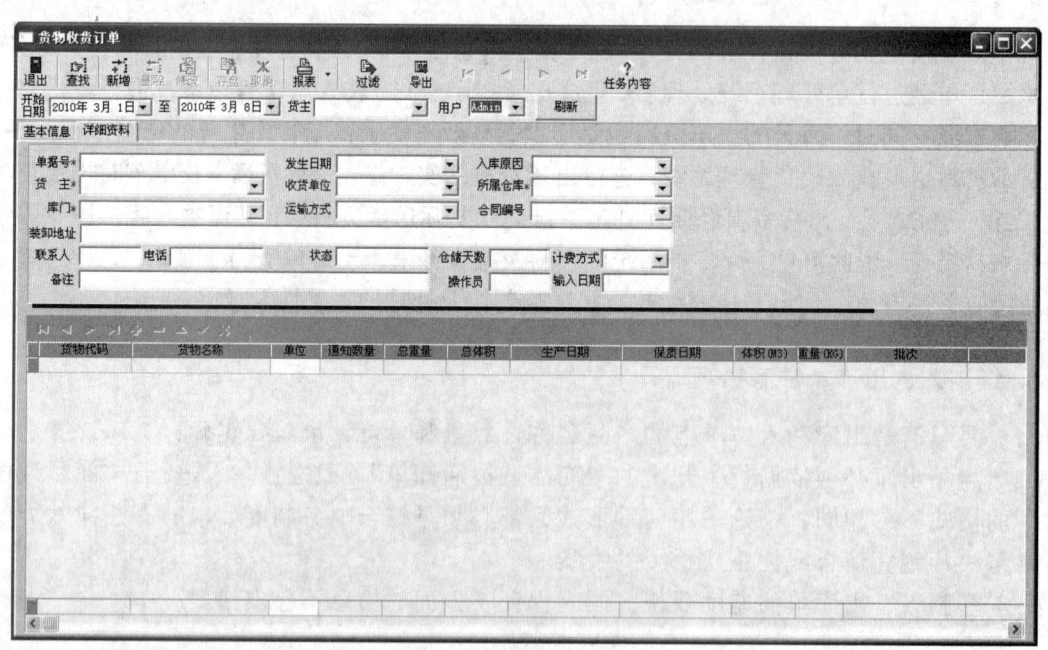

图 2-14 收货订单界面

(3) 单击" 任务内容",查看单据要求,如图 2-15 所示。

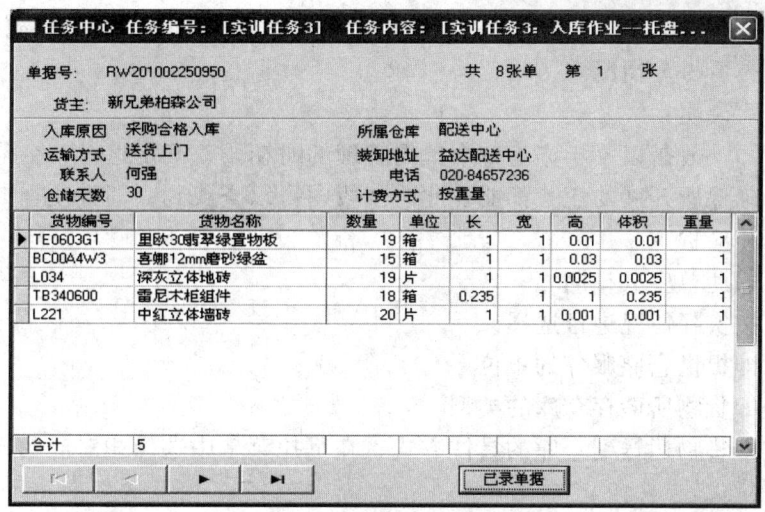

图 2-15 任务内容界面

（4）根据提示，选定货主，单击"刷新"，单击"新增"，相关内容根据任务要求进行填写；下框货物的具体相关信息单击"＋"，货物名称可在下拉菜单中进行选择，或者直接输入货物代码查找，按回车键确定，这种方法比较快捷，选择了货物后，相应的货物代码和货物名称以及单位等信息会自动生成，填好此单货物发生数量，如图 2-16 所示。

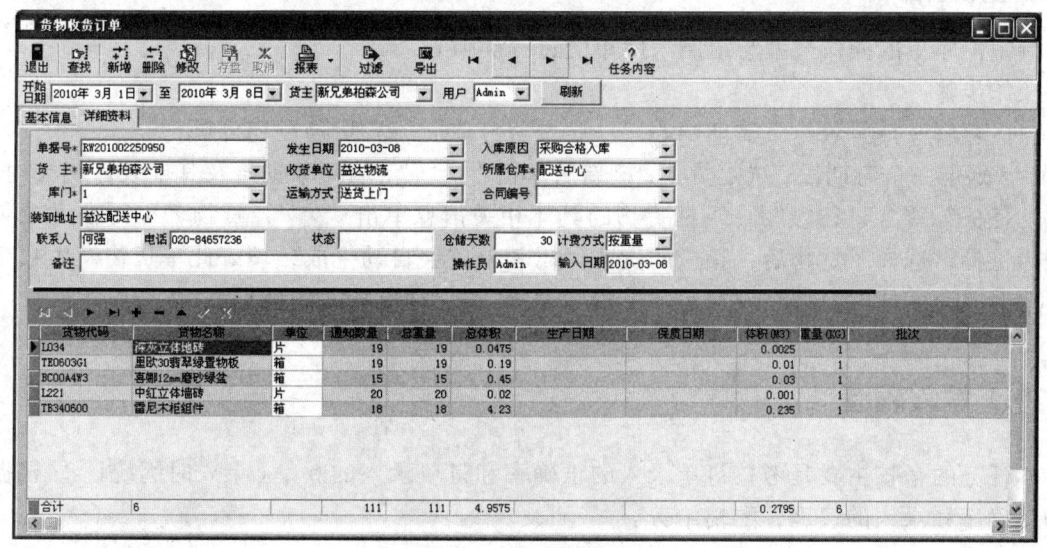

图 2-16 收货订单界面

（5）整个表体内容填写完整后，单击"存盘"，提示如图 2-17 所示。

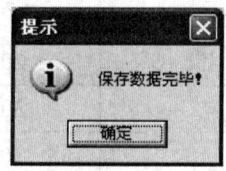

图 2-17

（6）按"确定"完成当前单据的填写，继续做下一张收货订单。全部完成后可单击"任务评测"按钮查看得分情况。

各项内容填写说明：

时期段：公司一般是以一年作为一个单据管理的时期段，确定这样一个范围相对比较大的时期段是便于确保所开展的业务都能在此时期段内得以查找到，即方便查询相关业务。

货主：选择相应货主。

发生日期：即此单生成日期。

入库原因：按实际情况进行选择。

收货单位：即提供仓储服务的单位。

所属仓库：即货物所储存仓库的类型。

运输方式：即货物运送到仓库的具体方式，在下拉菜单中选择相对应的方式即可，如送货上门、上门提货。

装卸地址：即货物送达的仓储中心所在地址，提供服务方的地址。

联系人、电话：皆是指收货单位的信息。

注意事项：点新增后，相关的单据号、订单号为自动生成，不得更改；其他相关内容可根据实际需要在下拉菜单中进行选择。

2. 缮制出库单

缮制出库单的操作过程与缮制入库单的过程类似。

操作步骤：

（1）客服文员登录—"实训中心"—"发货订单"—"货物发货订单"；

（2）划定一个时期段，选定货主，刷新后单击"新增"，填写单据号及其他表体相关内容，根据"任务"要求进行填写；下框货物的具体相关信息单击" "，货物名称可在下拉菜单中进行选择，选择了货物后，相应的货物代码和单位会自动生成，填好此单货物发生数量。

（3）整个表体内容填写完整后，单击"存盘"，保存所填写的信息。

考核标准

本任务的考核主要是考核订单录入的正确率和订单录入的效率（录入时间统计）。根据实际的正确率和录入的速度，酌情给分。

订单处理作业考核标准

考核内容	分　值	实际得分	备　注
入库订单录入的正确率	30		
入库订单录入的效率（录入时间统计）	20		
出库订单录入的正确率	30		
订单录入的效率（录入时间统计）	20		
合　　计			

第三章　仓管员

 岗位介绍

岗位名称：仓库管理员
所属部门：仓储部
直接上级：仓库经理
直接下级：理货员（收货管理员、验货管理员、入库管理员、加工管理员、上架员、发货管理员、出库管理员、拣货员）
本职工作：仓库业务运作过程中的进出库及货物在库管理。
岗位职责：
（1）在本库区主管的直接领导下做好商品的收、发、存等业务管理工作，合理组织库工从事作业劳动，确保公司仓储任务的顺利完成。
（2）认真贯彻落实有关库区管理的各项规章制度，采取积极态度采纳和推行先进的科学管理方法，并确保实施"先进先出"等库房管理原则。
（3）保持高度的责任心，爱岗敬业，保质保量地完成工作任务。
（4）熟练掌握工作流程，明确业务要求，做到原始记录完整，账、物、卡相符。坚持盘点制度，不允许出现账物不符现象，发现问题及时汇报。
（5）掌握库存商品的动态变化情况，及时反映并上报库存商品的积压、质变、残破等情况，供事业部品管了解并配合及时处理。
（6）随时保持库区储存条件良好，经常对库区通风、干湿、周围环境进行检查，确保库区安全。
（7）接待客户主动、热情，自觉维护企业形象，牢记公司服务宗旨。
（8）坚持对库区进行每日清扫，保持商品清洁。
（9）爱护库区设施和办公设备，对作业工具、桌椅、电脑的故障和毁损要及时报修。
（10）完成上级领导安排的所有兼职工作，以及其他临时性工作。
岗位职权：
（1）责任仓库的管理权。
（2）装卸工作的指挥权。
岗位考核：
（1）库存准确率：100%
（2）仓库利用率：70%（平房仓）；60%（楼房仓）
（3）在库的残损率：0%
（4）质量保证能力：95% +

（5）货物进出仓正确率：100%

（6）业务单证处理（填写，传递）：

    及时率：98%

    准确率：100%

    完整率：100%

实训任务四　制订入库计划

任务目标

（1）根据工作任务和现有资源，利用责任矩阵，合理安排工作任务。

（2）合理安排货位。

（3）合理计划搬运工具。

（4）熟悉入库工作流程。

任务描述

2012年5月20日四川成都岭南物流有限公司客服部收到美苏贸易公司采购部韩国华先生传真发来的入库通知单（如表3-1所示）。请仓管员李×据此制订入库计划。

表 3-1　入库通知单

岭南物流公司：

    根据贵我双方签署的保管合同，我公司现有一批货物委托越优物流公司运送至贵公司储存，5月22日上午送到，请安排接收，具体产品如下：

编号	货物编号	货品名称	单位	数量	包装箱尺寸	规格
1	2500212	红花牌五粮酒	箱	100	392 mm×245 mm×300 mm	4盒/箱
2	5212303	红牌落地电风扇	箱	180	490 mm×285 mm×480 mm	1台/箱

请在2012年5月22日完成入库。联系人：张三。电话：026-7788××××

美苏贸易公司
2012年5月20日

知识链接

1. 入库工作流程和涉及工作岗位

入库工作流程和涉及工作岗位如图3-1所示。

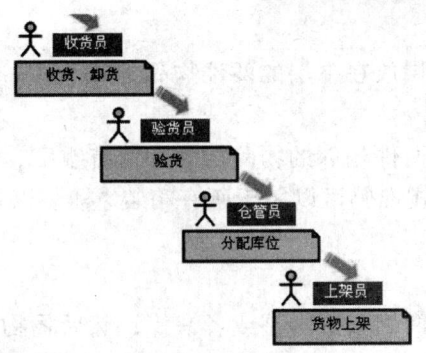

图 3-1 入库流程及岗位

2. 货物的存放

货物分区分类保管。

3. 商品码盘的方式

对于有包装（如箱、桶）的物品，包括裸装的计件物品，采取堆垛的方式储存。堆垛方式储存能够充分利用仓容，做到仓库内整齐，方便作业和保管。物品的堆码方式主要取决于物品本身的性质、形状、体积、包装等。一般情况下多采取平放，使重心最低，最大接触面向下，易于堆码，稳定牢固。

常见的堆码方式包括重叠式、纵横交错式、仰伏相间式、压缝式、通风式、栽柱式、衬垫式等。

（1）重叠式。

重叠式也称直堆法，是逐件、逐层向上重叠堆码，一件压一件的堆码方式。为了保证货垛稳定性，在一定层数后改变方向继续向上，或者长宽各减少一件继续向上堆放。该方法方便作业、计数，但稳定性较差。适用于袋装、箱装、箩筐装物品，以及平板、片式物品等，如图 3-2 所示。

图 3-2 重叠式堆码

（2）纵横交错式。

纵横交错式是指每层物品都改变方向向上堆放。适用于管材、捆装、长箱装物品等。该方法较为稳定，但操作不便。

（3）仰伏相间式。

对上下两面有大小差别或凹凸的物品，如槽钢、钢轨等，将物品仰放一层，在反一面伏放一层，仰伏相向相扣。该垛极为稳定，但操作不便。

（4）压缝式。

将底层并排摆放，上层放在下层的两件物品之间。

（5）通风式。

物品在堆码时，任意两件相邻的物品之间都留有空隙，以便通风。层与层之间采用压缝式或者纵横交错式。通风式堆码可以用于所有箱装、桶装以及裸装物品堆码，起到通风防潮、散湿散热的作用。

（6）栽柱式。

码放物品前先在堆垛两侧栽上木桩或者铁棒，然后将物品平码在桩柱之间，几层后用铁丝将相对两边的柱拴连，再往上摆放物品。此法适用于棒材、管材等长条状物品。

（7）衬垫式。

码垛时，隔层或隔几层铺放衬垫物，衬垫物平整牢靠后，再往上码。适用于不规则且较重的物品，如无包装电机、水泵等。

4. 托盘上存放物品

由于托盘在物流系统中的运用得到认同，因此就形成了物品在托盘上的堆码方式。托盘是具有标准规格尺寸的集装工具，因此，在托盘上堆码物品可以参照典型堆码图谱来进行。如硬质直方体物品可参照中华人民共和国国家标准 GB/T 4892—1996《硬质直方体运输包装尺寸系列》硬质直方体在 1 140 mm×1 140 mm 托盘上的堆码图谱进行。圆柱体物品可参照中华人民共和国国家标准 GB/T 13201—1997《圆柱体运输包装尺寸系列》圆柱体在 1 200 mm×1 000 mm、1 200 mm×800 mm、1 140 mm×1 140 mm 托盘上的堆码图谱进行。

5."五五化"堆垛

"五五化"堆垛就是以 5 为基本计算单位，堆码成各种总数为 5 的倍数的货垛，以 5 或 5 的倍数在固定区域内堆放，使货物"五五成行、五五成方、五五成包、五五成堆、五五成层"，堆放整齐，上下垂直，过目知数。便于货物的数量控制、清点盘存。

6. 所用的工具

（1）电脑、仓储管理信息系统。

（2）叉车、托盘、货架，如图 3-3、3-4、3-5、3-6 所示。

自动化立体仓库　　　　　　　　托盘货架　　　　　　　　多层货架

图 3-3　仓储货架

钢制托盘

塑料托盘

图 3-4 托 盘

平衡重式电动叉车

高起升拣选车

站立式电动叉车

图 3-5 叉 车

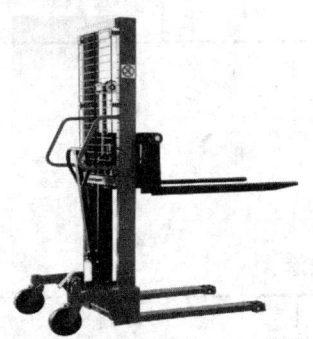
手动液压堆高车

手动液压搬运车

图 3-6 堆高车、搬运车

实训步骤

（1）分析入库通知单，计算需要的托盘数和货位数，假设仓库托盘是 1 200 mm × 1 000 mm，如表 3-2 所示。

表 3-2 货位安排表

货品名称	包装尺寸	数量	托盘数	货位数
红花牌五粮酒	392 mm×245 mm×300 mm	100 箱	1	1
红牌落地电风扇	490 mm×285 mm×480 mm	180 箱	5	5

（2）画出托盘堆码图，如图 3-7 所示。

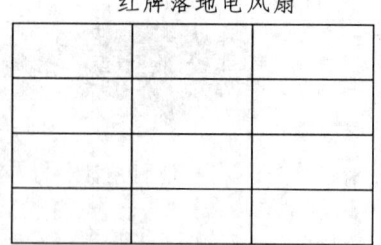

| 红花牌五粮酒 | | | 红牌落地电风扇 | | |

重叠式堆码，堆高 5 层　　　　　　　　重叠式堆码，堆高 3 层

图 3-7　堆码图谱

（3）人员、工具安排。根据入库货物的数量，安排人员和设备，如表 3-3 所示。

表 3-3　工作人员安排表

序号	工作岗位	工作人员	叉车数量	备注
1	收货员	张一、李明	1	装卸、搬运
2	验货员	赵立		验收
3	仓管员	李林		安排货位
4	上架员	温文	1	上架

（4）指定存储货物的货位。

考核标准

入库作业计划考核标准

考核内容	考核标准	分值	实际得分	备注
托盘数计算	选择托盘合理，托盘数正确	30		
货位安排	货位选择合理，货位数正确	30		
人员安排	合理安排人数	20		
叉车安排	合理安排叉车	20		
合　计				

实训任务五　货物养护管理

任务目标

（1）能够测量库房的温湿度。
（2）能使用合理的方法保证库房温湿度的稳定。
（3）了解其他的货物养护方法。

第三章 仓管员

任务描述

在仓库 2 号库房中存放着机电设备，用木箱包装，存储时间为 6 个月。现在要求你作为仓管员编制养护管理方案，并对这个库房的货物进行养护。

知识链接

1. 货物养护工作涉及的工作岗位

仓库管理员。

2. 货物养护的内容

货物养护包括温湿度控制、防霉腐、防锈蚀、防虫害、卫生管理等。

3. 温湿度

机电设备的保管温度为 10～30 ℃，相对湿度 65%。

4. 库存商品的变化

商品在储存期间，由于商品本身的成分、结构和理化性质及受到日光、温度、湿度、空气、微生物等客观外界条件的影响，会发生质量变化。商品质量变化的形式很多，归纳起来主要有物理变化、化学变化、生理生化变化和生物学变化。

（1）物理变化。

是指商品仅改变其本身的外部形态（如气体、液体、固体"三态"之间发生的变化），在变化过程中没有新物质生成，而且可以反复进行变化的现象。例如，商品的串味、渗漏、沾污、干裂等。

（2）化学变化。

是指构成商品的物质发生变化后，不仅改变了商品本身的外观形态，也改变了本质，并有新物质生成的现象。常见的有氧化、分解、锈蚀、风化、燃烧与爆炸、老化等。

（3）生理生化变化。

生理生化变化是指有机体商品（有生命力商品）在生长发育过程中，为了维持其生命活动，其自身发生的一系列特有的变化。如呼吸作用、后熟作用、发芽与抽薹、胚胎发育等现象，都属于自身的生理生化变化。由于这些变化使有机商品消耗了大量的营养物质，使商品发热增湿，造成微生物的繁殖，以致污染、分解商品，加速商品霉腐变质。

（4）生物学变化。

是指商品在外界有害生物作用下受到破坏的现象，如虫蛀、霉变等。有些商品在温度适宜的条件下易受到虫蛀。在仓储条件较差时商品也会受到鼠的咬损。由于有机商品是虫、鼠的营养成分，所以易被虫鼠损害。

5. 库存商品的损耗

商品在储存过程中，由于其本身的性质、自然条件等影响、计量工具的合理误差，或人为的原因，均会发生损耗。商品的保管损耗是指在一定的期间内，保管某种商品所允许发生的自然损耗，一般以商品保管损耗率表示。商品保管损耗率低于该标准为合理损耗，反之，则为不合理损耗。商品保管损耗率是考核仓库工作质量好坏的指标。库存商品的损耗通常表现为以下几方面：

（1）商品的自然损耗：主要为商品的干燥、风化、黏结、散失、破碎等。

（2）人为因素或自然灾造成的损失：由于仓库保管人员的失职或保管不善、水灾、地震造成的非常损失，以及包装破损而造成的漏损等。

6. 影响库存商品发生变化的因素

商品储存期间，会发生质量变化，其质量的变化影响因素也是多方面的。霉变、虫蛀、老化、锈蚀是商品储存期间最易发生的质量变化。

（1）霉变。

商品霉变主要是由霉菌引起的。影响霉变的外在因素有：

① 商品含水量与空气湿度。水对霉菌孢子的萌发，营养物质的吸收、新陈代谢与酶的生化作用等都有一定作用，而水分的主要来源是商品本身所含的水分与空气中的水分。

② 库房的温湿度。大多数霉变微生物属于中温型中湿性，最适生长温度为 25~37 ℃，在相对湿度 75% 以上可以正常发育。

③ 适量的氧气。在无氧或空气流通的地方，均不易发生霉变。

（2）虫蛀。

商品在储存过程中，常常受到各种害虫的侵袭，不仅能蛀食、污染动植物性商品，有时还会危害塑料、化工纤维等高分子商品，直接威胁着商品安全，甚至使商品完全失去使用价值。所以，虫蛀也是商品储存过程中的主要生物危害之一。

仓虫大多数来源于农作物，为多食性昆虫，生殖力强，对环境条件有很大的适应性和抵抗能力。仓库的环境因素，特别是温度、湿度与食物对害虫的生长有极大的影响。

① 温度。昆虫为变温动物，其热量的来源有内生与外来两个途径。从害虫自身新陈代谢作用分解营养物质而获得的热量为内生热；从害虫栖息地方的环境温度获得的热量为外来热。因此，温度对害虫个体的发育速度，成虫的寿命和繁殖率，害虫的食量，迁移分布和死亡速度等，都有直接影响。

② 湿度。湿度对害虫的影响与温度同等重要。一方面直接影响害虫的水分来源；另一方面影响商品的含水量，也间接地影响害虫的水分来源。相对湿度 70%~90% 是多数害虫生存与繁殖的最适宜湿度。干燥是多数商品安全储存的重要条件之一。但是，高湿度（如相对湿度达到 100%）也不利于害虫的生存与繁殖，因为湿度会妨碍害虫的热量调节。

③ 食物。各种仓虫对食料种类，都有一定范围的选择。根据仓虫对食料的适应范围，可以将其分为单食性、多食性和杂食性等类型。仓虫的食料，是影响仓虫生长发育快慢和繁殖力大小的重要因素之一。如果适宜的食料缺乏，仓虫的生长发育将受到抑制。

（3）锈蚀。

又称腐蚀，是指金属与其所接触的物质发生化学或电化学作用引起的破坏现象。其本质是氧化还原反应。

金属在干燥的空气或非电解液中，单纯由化学作用（不产生电流）而引起的锈蚀，称为化学锈蚀；金属在电解液中或在液膜下，由电化学作用而引起的锈蚀，称为电化学锈蚀。电化学锈蚀过程中，伴随着电流产生，形成腐蚀电池。电化学锈蚀的速度快，是金属在大气中发生锈蚀的主要原因。

金属制品在储存中易被潮湿大气锈蚀。潮湿大气锈蚀，是在金属制品表面形成的水膜下发生的电化学锈蚀过程。所以，相对湿度的大小，直接影响着金属锈蚀快慢。当空气中相对湿度较小时，制品只会发生化学锈蚀。当相对湿度逐渐增大直到在金属表面形成的水膜足以满足电化学锈蚀的需要时，锈蚀的速度则明显加快。这时的相对湿度值称为临界湿度。一般金属锈蚀的临界湿度在70%左右，金属制品表面粗糙，结构复杂，表面吸附有盐类、尘埃及有害气体等，都能降低锈蚀的临界湿度。

（4）老化。

高分子材料（塑料、橡胶、合成纤维等）在生产、加工、储存、使用过程中，由于内外因素的综合影响，使其失去原有的优良性能，以致最后丧失使用价值，这种变化称为老化。影响老化的外部因素有：

① 日光。光的波长越短，能量越大。高分子吸收光量后获得能量，处于激发态，能产生光物理作用或光化学反应，导致材料老化。

② 热。温度升高，会促使分子的热运动加速，从而促进高分子材料发生氧化裂解反应。

③ 氧。高分子材料对大气中的氧是很敏感的，特别是在光的引发与热的作用下，极易发生光氧老化与热氧老化。

④ 相对湿度。夏天的骤雨洒在晒热的高分子材料上，会引起热冲击作用，使表面突然冷却，产生一定的应力。雨水、凝露形成的水膜，能使水溶性物质（增塑剂、亲水基团等）溶解，加速老化。

7. 所用的工具

（1）温度计、湿度计，如图3-8所示。

（2）明确所保管的货物：机电设备。

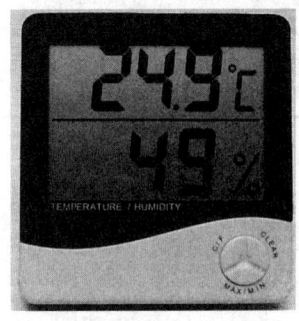
数显式

指针式

图3-8　电子温湿度计

实训步骤

1. 了解货物养护工作的要求

益达物流公司货物养护工作的要求是"预防为主,防治结合"。

2. 卫生管理步骤

(1)每天一小扫,包括:仓库地面清除垃圾、杂物,用鸡毛掸扫去货物上的灰尘。

(2)每周一中扫,包括:用拧干的拖把拖擦地面和地台板,对商品包装的清洁一般应使用干布或鸡毛掸清洁,避免货物受潮或污染;对仓库内部的管道进行清扫,对墙角和天花板上的蜘蛛网进行清除。

(3)每月一大扫,包括:擦洗仓库的门窗及周边管道,对天花板进行清扫,对仓库四周的排水渠进行清洗,清除积水和垃圾,杜绝蚊蝇的孳生。

(4)每隔3个月清除灯罩与灯泡上的灰尘。

(5)清洁时应避免溅湿货物,若货物被溅湿或地面上有积水应立即擦干。

(6)所有清洁工作在《仓库每日自我检查表》上记录,如表3-4所示。

(7)清洁工具的使用和保管。

① 清洁用水:应该是干净的自来水。

② 扫把:扫把在使用前应进行清洁,以免将灰尘垃圾带入库内,扫把在使用后亦要进行清洁,避免垃圾藏在扫把中,扫把在不使用时应挂于指定的位置,不能置于地面。

③ 拖把:拖把在使用前要清洗干净,避免将脏物带入仓库,在使用后应将拖把洗干净并在太阳底下晒干,避免滋生昆虫,并挂于指定地方。

④ 垃圾桶和垃圾铲:垃圾桶和垃圾铲应在清洁后才带入仓库,以免将垃圾带入库内;使用后垃圾桶和垃圾铲应清洗干净并在指定位置晾干,不能用货物包装箱作为垃圾箱以避免引起混乱。

3. 温湿度的控制

(1)所有仓库使用的温湿度计必须经过有效性鉴定。

(2)仓库温湿度应当保持在允许范围内。温度10~30 ℃,相对湿度≤65%。

(3)仓管员每天9:30和14:00以及22:00对仓库的温湿度进行检查并填写《仓库温湿度记录表》,如表3-4所示。

表3-4 仓库温湿度记录表

检查时间	天气	上午				下午				备注
		温度(℃)		相对湿度(%)		温度(℃)		相对湿度(%)		
					调节措施				调节措施	
		库内	库外	库内	库外		库内	库外	库内	库外	

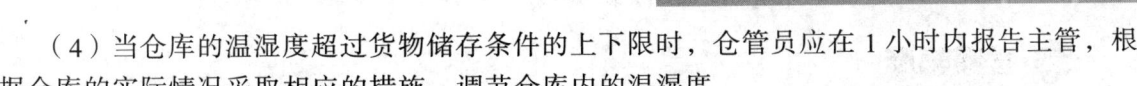

（4）当仓库的温湿度超过货物储存条件的上下限时，仓管员应在1小时内报告主管，根据仓库的实际情况采取相应的措施，调节仓库内的温湿度。

（5）气候潮湿的情况下，每个通风窗的通风板应当关闭，防止潮湿气流进入库内。

（6）每次雨停后应及时将库房四周的积水清扫干净，减少库外湿气对库内的影响。

（7）天气干燥的情况下，应当将通风板开启，以便通风。

（8）若库内湿度较大，或温度没有在允许范围内可考虑打开库门并在库内使用大功率风扇排风，或使用空调机，促使潮气尽早散发，温度保持在允许范围内。

（9）若发现货物外包装受潮，应当及时擦拭，并视情况进行翻堆（重新堆码），每一件受潮货物在出库前必须得到整改，确保所有出库商品是干爽和完好的。

（10）若库内湿度较大，可考虑打开库门并在库内使用大功率风扇排风，促使潮气尽早散发。

4．定时检查

仓管员必须每天上班后1小时内根据《仓库每日自我检查表》所列项目进行检查，如表3-5所示。

表3-5　仓库每日自我检查表

检查项目		月　日	月　日	月　日	月　日	月　日	月　日	月　日
		星期一	星期二	星期三	星期四	星期五	星期六	星期日
货物	货物状态							
设施	库房清洁							
	作业通道							
	库房照明							
	库房门窗							
	标志标识							
温湿度	相对湿度							
	温度							
设备	用具管理							
	托盘维护							
消防	消防通道							
	消防设备							
安全	安全防护							
管理	员工出勤							
检查人签字								

考核标准

货物养护管理考核标准

序号	考核内容	分 值	实际得分	备 注
1	基本概念	10		
2	方针与责任	20		
3	卫生管理	20		
4	温湿度控制	20		
5	定时检查	20		
6	语言描述	10		
	合　　计			

实训任务六　制订出库计划

任务目标

（1）掌握出库作业计划的基本内容；
（2）掌握制订出库计划的基本流程。

任务描述

2012年7月25日四川成都岭南物流有限公司客服部收到美苏贸易公司传真发来的提货通知单，如表3-6所示。要求26日提货，客服文员张××经过订单处理，送来出库单，请仓管员李×据此制订出库计划。

表3-6　出库通知单

出库单位：美苏贸易公司　　　　　　　　　　　　　　出库时间：2012.7.25

编号	货物编号	货品名称	单位	数量	包装	备注
1	2500212	红花牌五粮酒	箱	100	纸箱	
2	5212303	红牌落地电风扇	箱	80	纸箱	

审核：林×　　　记账：　　　　　提货人：　　　　　制单：张××

知识链接

1. 出库计划制作涉及工作岗位

仓库管理员。

2. 业务概述

要出库的货物,一般情况下是客户事先通知仓储公司,让仓储公司做好出库的准备,当业务量大的时候,出库计划特别重要,可为客户、物流公司减少因等待货物所造成的不必要的损失,大大提高了工作效率,减少了机器设备的磨损,也就会为物流企业降低成本。

3. 功　能

制订安排出库计划,打印提货单,装箱单等。要打印哪些单证要视具体情况而定。

4. 所用工具

电脑、仓储管理信息系统。

实训步骤

(1) 仓管员根据出库通知单,首先对收货地点、客户名称、客户合同、存仓编号、结算方式等相关信息进行确认。

(2) 查询库存情况,核实后生成出库计划,如表 3-7 所示。

表 3-7　货物出库计划

出库单位:美苏贸易公司　　　　　　　　　　　　　　　　出库时间:2012.7.25

序号	货物编号	货品名称	单位	数量	包装	储位	备注
1	2500212	红花牌五粮酒	箱	100	纸箱	01C14	
2	5212303	红牌落地电风扇	箱	80	纸箱	01A14-01A16	

(3) 制作拣货任务清单,如表 3-8 所示。

表 3-8　拣货单

客户名称:美苏贸易公司　　　　　　　　　　　　　　　　拣货日期:2012.7.25

序号	储位	商品描述	型号	包装单位	数量	备注
1	01C14	红花牌五粮酒		箱	100	
2	01A14-01A16	红牌落地电风扇		箱	80	
合计					180	
	拣货时间			备货时间		

理货员:　　　　　　　　　　　　　　　　　　　　　　审核人:

(4) 打印拣货任务清单并安排理货员拣货。

考核标准

出库作业计划考核标准

考核内容	考核标准	分　值	实际得分	备　注
客户相关资料的确认	是否全面、正确	30		
查询库存，生成出库计划	是否全面、正确	30		
拣货任务清单制作	是否明确储位	20		
任务安排	是否合理	20		
合　计				

实训任务七　盘点作业

任务目标

（1）确保库存的货物与进仓单上所列的货物一致。
（2）确保进仓单与统计账目及电脑数据一致。
（3）掌握盘点作业的基本内容。
（4）掌握盘点作业的基本方法。

任务描述

1. 实训方式

实际操作及上机模拟软件操作。

2. 实训内容

（1）人工盘点。
① 每天一小盘。
② 每周一中盘。
③ 每月一大盘。
（2）3D仓储与配送模拟实训系统盘点。

3. 实训条件及组织形式

（1）在仓储实训室进行，每6人一组，每组选一个组长，每1人或2人担当一个角色。
（2）实训室具备电脑打印设备及纸张；条码扫描仪等复核设备；3层货架2排、货物若干；手推车 6 台，木托盘 6 个；胶带若干。

知识链接

1. 入库工作流程和涉及工作岗位

仓库经理、仓管员、理货员，本任务以仓管员盘点来作为实训的主题。

2. 盘点方式及结果处理

盘点工作在制造型或流通型企业里随处可见，因为料账合一是企业进行管理工作的最基本条件。按照进行的目的及方式不同，它被分为以下几种：

（1）抽样盘点：由审查单位或其他管理单位所发起的突击性质的盘点，目的是对仓储管理单位是否落实管理工作进行审核。抽样盘点可针对仓库、料件属性、仓库管理员等不同方向进行。

（2）临时盘点：因为特定目的对特定料件进行的盘点等。

（3）年终（中）盘点：定期举行大规模、全面性的盘点工作，根据相关的规定，一般企业每年年终应该实施全面的盘点，上市公司部分在年中还要实施一次全面的盘点。

（4）循环盘点：采用信息化管理的企业，为了确保料账随时一致，将料件依照重要性区分成不同等级后赋予不同循环盘点码，再运用信息工具进行周期性的循环盘点。

在进行财产清查时，一般有 3 种结果：

其一，账实相符，就不需要调账；

其二，账面记录数大于实际拥有数，此为盘亏（如账面记录 300 实际只有 280）；

其三，账面记录数小于实际拥有数，此为盘盈（如账面记录 300 实际却有 320）。

无论是盘盈还是盘亏，都要依据实际拥有数来调整账面记录数。最终目的是达到账实相符。

实训步骤

1. 人工盘点步骤

（1）每天一小盘。

① 仓管员在每天清洁仓库的同时，抽检库存货物，对前一天进出仓的货物进行盘点。

② 盘点要求：核对货物的进出情况与记录的一致性，复核货物的品名、代码、批号、数量、库排位是否填写准确无误。

（2）每周一中盘。

① 仓管员在每周一必须对仓库进行盘点。

② 盘点要求：仓管员对责任仓库储存的货物进行盘点，利用仓库货物卡与货物进行核对，检查货物品名、代码、批号、数量、库排位是否与进仓单相符。

（3）每月一大盘。

① 仓库经理必须在每月底制订下月盘点计划,仓管员根据盘点计划对责任仓库储存的货物进行盘点。

② 盘点要求:仓管员用统计代账联与仓库货卡进行复核,并全面复核货物的品名、规格、批号、代码、数量、库排位是否与代账联货卡三者相符。

（4）仓管员若在盘点过程中发现单货不符、残损、混批、短少等异常现象应及时做好记录并立即上报,对每日及每周所发现的问题应及时填写《仓库盘点表》,如表3-9所示,其明细账目可从货卡上摘抄。

表3-9 仓库盘点表

仓库盘点表

盘点仓库： 盘点库管： 盘点日期：

序号	品名	规格	库存总量		仓位	备注
			件	支		

（5）每月一大盘,仓管员从系统打印进仓单明细项目,于盘点前填好,作为盘点的依据,在盘点中将发现的问题及时记录在《仓库盘点表》中。

（6）仓管员应根据每次的盘点结果对代账联、货卡以及电脑所储存的资料进行复核。

（7）仓库经理必须对每次盘点过程中发现的单、货、系统不符、混批、短少、残损等人为责任事故进行分析、处理，及时整改。

2. 3D仓储与配送模拟实训系统盘点实训步骤

（1）仓管员登录—"实训中心"，如图3-9所示。

（2）打开空白盘点单，选择货主刷新后再点击新增按钮添加盘点单据，点击预盘按钮生成货物信息。

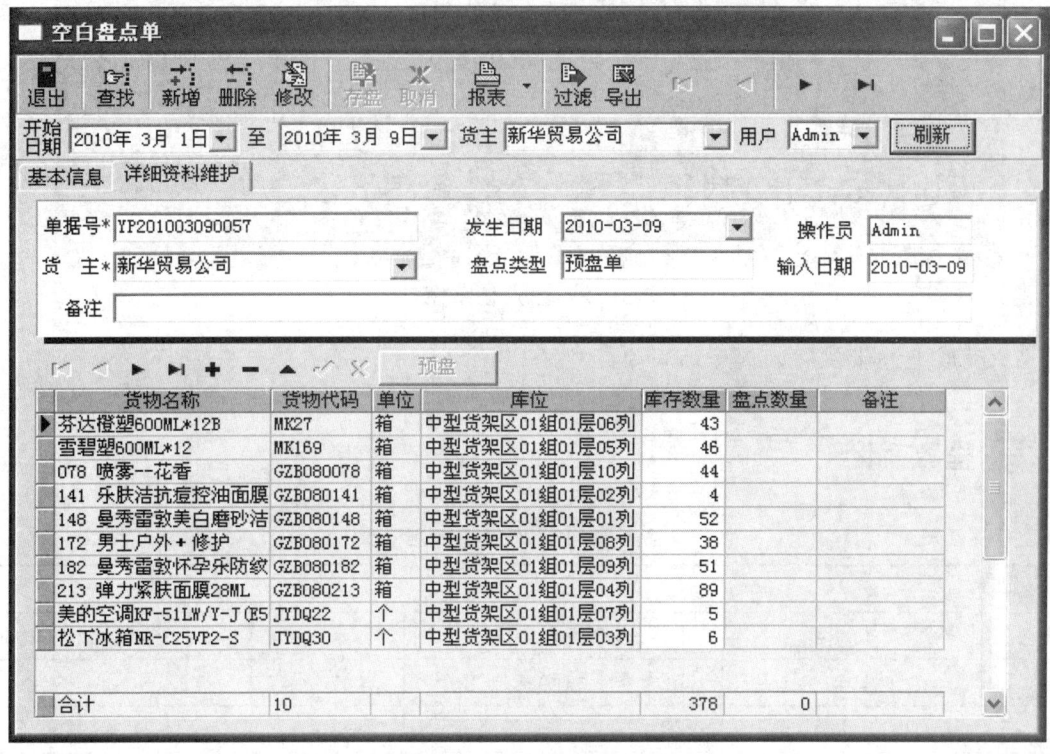

图3-9　生成空白盘点单

（3）存盘退出后系统提示到具体的库区进行盘点，如图3-10所示。

（4）到了对应的库区后点击组号盘点，如图3-11所示。请点击组号盘点。

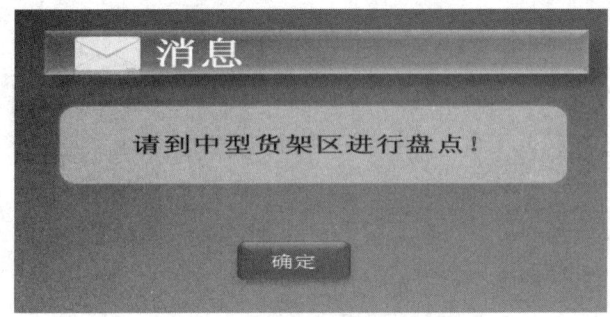

图3-10　系统提示

图3-11　组号

（5）点击组号后弹出盘点信息，填入空白盘点单即可，如图3-12所示。

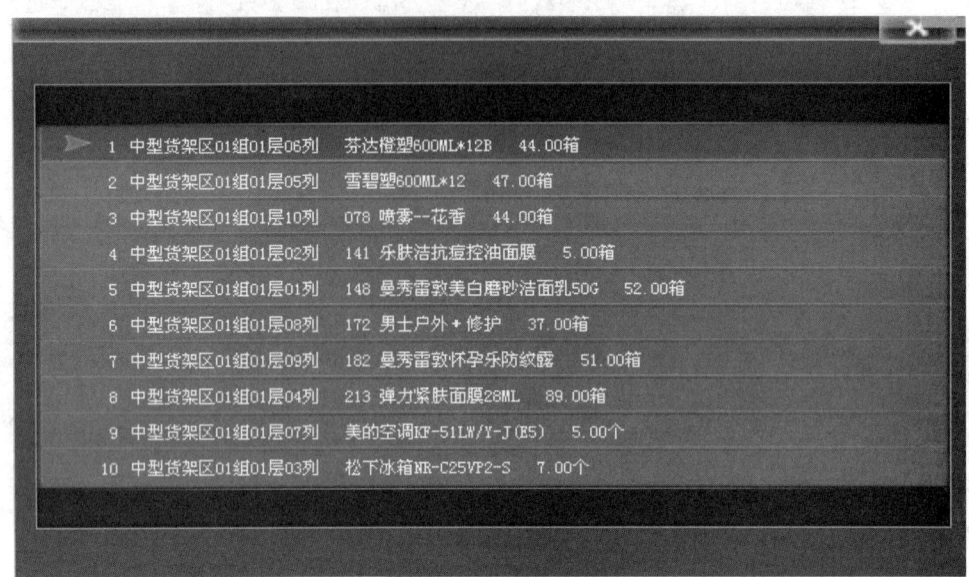

图 3-12　盘点信息窗口

（6）完成上述步骤后，盘点结束。

考核标准

盘点作业操作考核标准

小组成员					
序号	考核内容	考核标准	分值	实际得分	备注
1	盘点基本概念	是否掌握相关概念	20		
2	人工盘点	盘点表填写是否正确	30		
3	3D盘点操作	软件操作是否熟练	20		
4	3D盘点结果	盘点信息填写是否正确	30		
合　计			100		

第四章 理货员

 岗位介绍

岗位名称：理货员
所属部门：仓储部
直接上级：仓库管理员
直接下级：无
本职工作：对出入仓库的货物进行验收、整理、核对和堆码等，在合理安排
货物仓储的同时，并对它们进行有序整理、拣选配货、包装、置唛以及复核。
岗位职责：
（1）在本库区仓管员的直接领导下做好对出入仓库的货物进行验收、整理、核对和堆码等工作，确保仓储任务的顺利完成。
（2）负责货物的整理、拣选、配货、包装、复核与货物的交接、验收、整理、堆放等。
（3）核对货物的品种、数量、规格、等级、型号和重量。
（4）按照凭单上的内容拣选货物。
（5）对出库的货物进行仔细复核。
（6）检验货物的包装、标志，对出库待运的货物进行包装、拼装、改装或加固包装，对拼装、改装和换装的货物填写装箱单。
（7）在出库货物的外包装上标注收货人的标记。
（8）坚持对库区进行每日清扫，保持商品清洁。
（9）按货物的运输方式、流向和收货地点将出库货物进行分类整理、分单集中，填写货物启运单，通知运输部门提货发运。
（10）对货物进行搬运、整理、堆放。
（11）鉴定货运质量，分析货物的残损原因，并划分运输事故责任。
（12）办理货物交接手续。
（13）爱护库区设施和办公设备，对作业工具、桌椅、电脑的故障和毁损要及时报修。
（14）完成上级领导安排的所有兼职工作，以及其他临时性工作。
岗位职权：
（1）责任仓库货物的管理权。
（2）仓库机械设备的管理权。
岗位考核：
（1）库存准确率：100%

（2）仓库利用率：70%（平房仓）；60%（楼房仓）
（3）在库的残损率：0%
（4）质量保证能力：95%+
（5）货物进出仓正确率：100%
（6）业务单证处理（填写，传递）：
    及时率：98%
    准确率：100%
    完整率：100%

实训任务八　收货作业

任务目标

（1）通过本次实训，学生能准确地表述仓储管理中入库作业的收货流程。
（2）熟练完成货物的收货作业，能独立制作货物的入库收货凭证。

任务描述

1. 客户背景

新兄弟柏森公司秉承"和衷共济，诚信立业"的核心理念，专业生产地砖、墙砖、工业用砖及卫浴产品，成为全国规模较大、品种规格较齐全、信誉较好的专业生产企业之一。

2. 任务背景

2009年9月14日新兄弟柏森公司送来一批货物到益达物流配送中心1号库门，通知益达物流公司工作人员收货。将合格的货物放入仓库中储存30天。

3. 实训团队

2个同学组成一个团队，如表4-1所示，认真了解实训背景，每个人除了完成下面任务外，还需要完成任务题库的内容（若时间充裕，可以交换角色实训，熟悉完成这个任务中每个角色所做的事情）。请根据分配的角色登录。

表4-1　实训团队

序号	学号（举例）	扮演角色	主要任务	备注
1	XH01	客服文员	缮制入库单	队长
2	XH02	收货员	收货、卸货	

 **知识链接**

（1）收货工作在入库流程中的位置和涉及工作岗位，如图4-1所示。

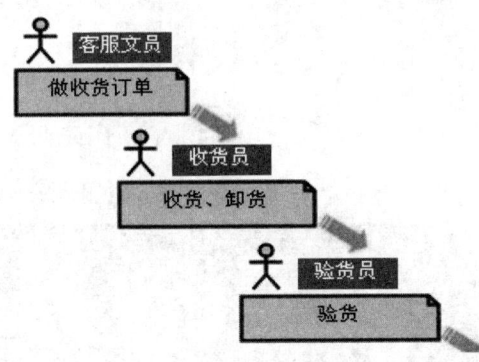

图4-1　入库流程

收货工作涉及客户文员和收货员。

（2）收货订单是收货的一份单据，包含了交货收货双方的相关信息以及货物的具体资料等。

（3）收货的一般流程：

① 正常产品收货。

a. 根据供应商到货通知，在货物到达后，收货人员根据司机的随货箱单清点收货。

b. 收货人员应与司机共同掐铅封，打开车门检查货品状况，如货物有严重受损状况，需马上通知主管和仓库经理等候处理，如货物状况完好，开始卸货工作。

c. 卸货时，收货人员必须严格监督货物的装卸状况（小心装卸），确认产品的数量、包装及保质期与箱单严格相符。任何破损、短缺必须在收货单上注明，并保留一份由司机签字确认的文件，如事故记录单、运输质量跟踪表、送货单等。破损、短缺的情况须及时上报主管及客服，以便及时通知客户。

d. 卸货时如遇到恶劣天气（下雨，大风，冰雹等），必须采取各种办法确保商品不会受损。卸货人员须监督商品在码放到托盘上时全部向上，不可倒置，每堆码放的数量严格按照商品码放示意图。

e. 收货人员签收送货箱单，并填写相关所需单据，将有关的收货资料，如产品名称、数量、生产日期（保质期或批号）、货物状态等交主管。

f. 接单后必须在当天完成将相关资料记入台账。

g. 破损产品须与正常产品分开单独存放，等候处理办法。并存入相关记录。

② 退货或换残产品收货。

a. 各种退货及换残产品入库都须有相应单据，如运输公司或司机不能提供相应单据，仓库人员有权拒收货物。

b. 退货产品有良品及不良品的区别，如良品退货，货物必须保持完好状态，否则仓库拒绝收货；不良品收货则必须与相应单据相符，并且有完好的包装。

c. 换残产品则须与通知单上的型号、编号相符，否则仓库拒绝收货。

d. 收货人员依据单据验收货物后，将不同状态的货物分开单独存放。

e. 依据单据记入台账。

（4）所用的工具。3D仓储与配送模拟实训系统。

实训步骤

1. 做收货订单

操作步骤如下：

（1）XH01用户选择客服文员登录，单击回到工作岗位图标"  "，如图4-2所示。

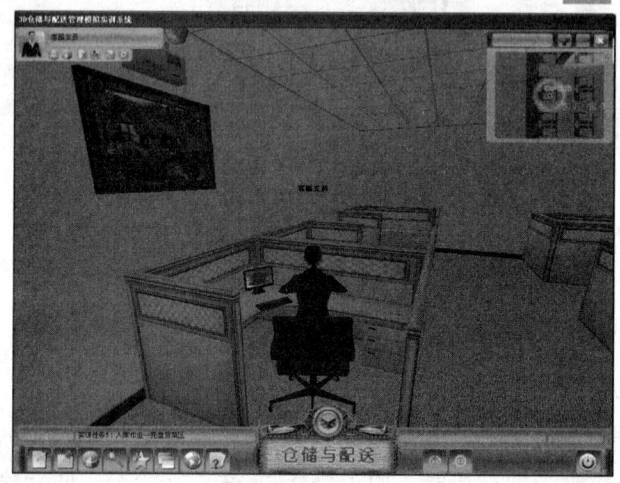

图4-2　客服文员工作场景

（2）选择" 实训中心"—" 1 订单管理 　 1 收货订单"，弹出货物收货订单作业框，如图4-3所示。

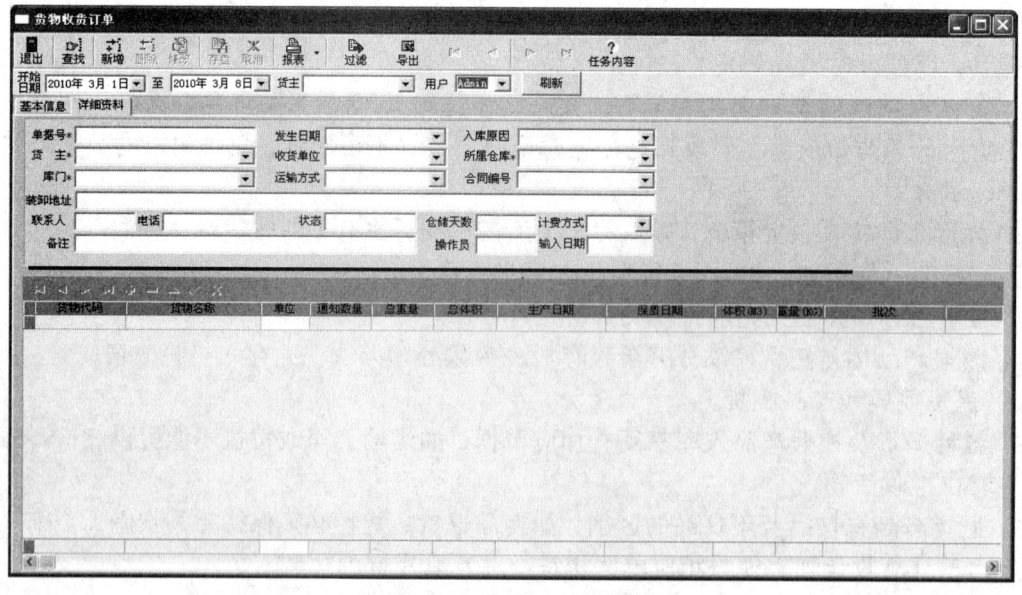

图4-3　收货订单界面

（3）单击"任务内容"，查看单据要求，如图4-4所示。

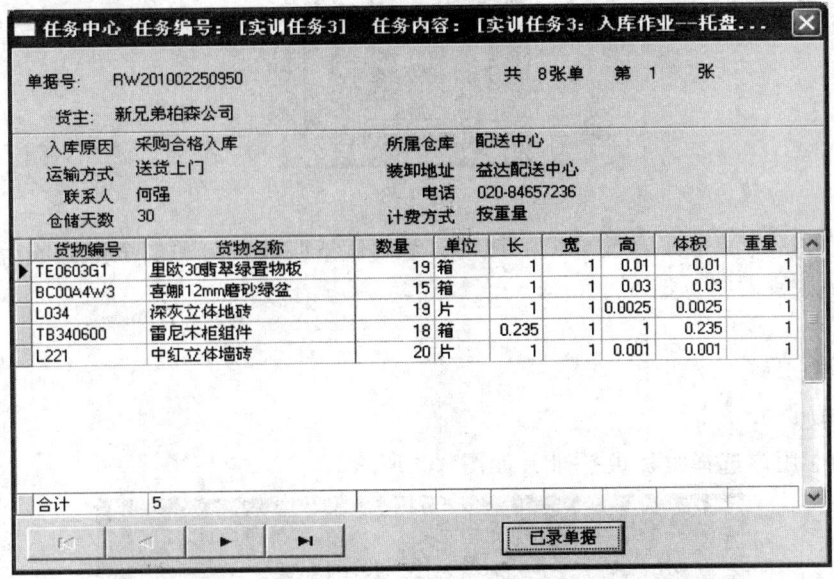

图4-4 任务内容框

（4）据提示，选定货主，单击"刷新"，单击"新增"，相关内容根据任务要求进行填写；下框货物的具体相关信息单击"+"，货物名称可在下拉菜单中进行选择，或者直接输入货物代码查找，按回车键确定，这种方法比较快捷，选择了货物后，相应的货物代码和货物名称以及单位等信息会自动生成，填好此单货物发生数量，如图4-5所示。

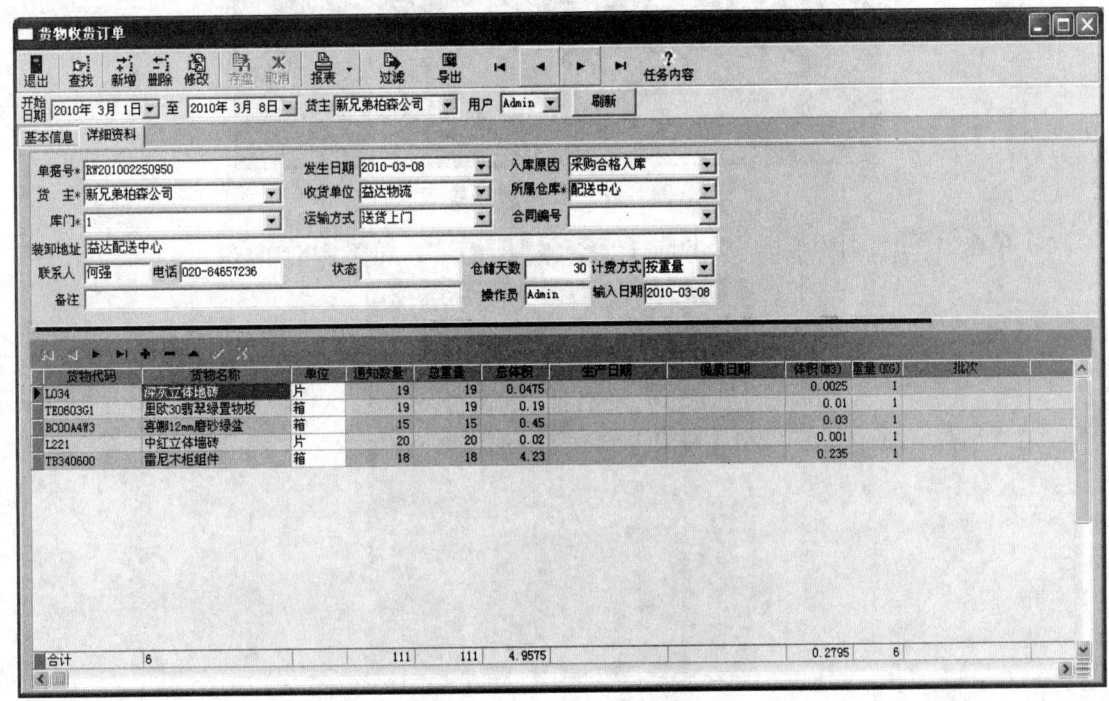

图4-5 收货订单界面

（5）整个表体内容填写完整后，单击" ![存盘] "，提示：如图4-6所示。

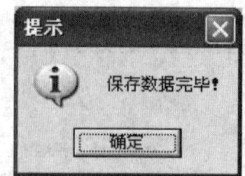

图 4-6

（6）按"确定"完成了当前单据的填写，继续做下张收货订单。全部完成后可单击" ![任务评测] 任务评测"按钮查看得分情况。

2. 收　货

操作步骤如下：

（1）XH02用户选择收货员登录，如图4-7所示。

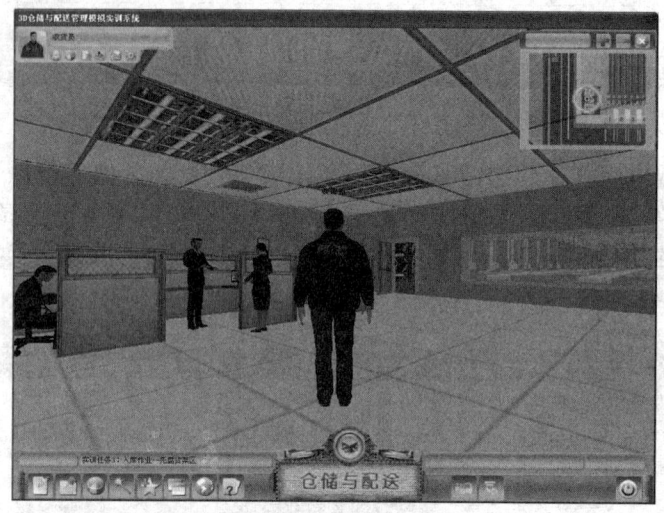

图 4-7　收货员场景

（2）单击" ![实训中心] 实训中心"，双击选择" ▶ 1　收货单"，如图4-8所示。

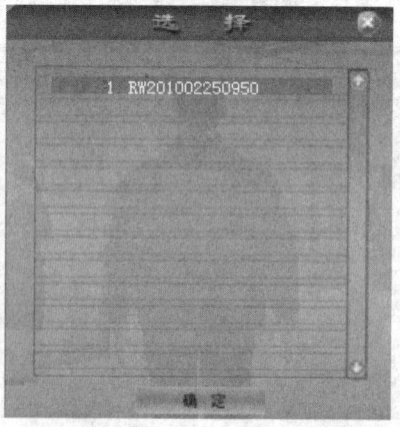

图 4-8　选择界面

（3）选择单据号，单击"确定"，弹出收货单据，如图4-9所示。

收 货 单

供应商：新兄弟柏森公司	收货人（单位）：益达物流	订单号：收
联系人：何强	电话：020-84657236	客户订单号：
公司地址：广州市沙太路天健广场物流部		打印日期

货物代码	货物名称	单位	通知数	破损数	可收数	体积M3	重量T	库位	生产日期
L034	深灰立体地砖	片	19	0	0	0.00	1.00		0
TE0603G1	里欧30翡翠绿置物板	箱	19	0	0	0.01	1.00		0
BC00A4W3	喜娜12mm磨砂绿盆	箱	15	0	0	0.03	1.00		0
L221	中红立体墙砖	片	20	0	0	0.00	1.00		0
TB340600	雷尼木柜组件	箱	18	0	0	0.24	1.00		0
合计			91	0	0	0.28	5.00		

客户签名：　　　　　送货人员：　　　　　仓库人员：　　　　　操作制单工号：　Admin
日期/时间：　　　　　日期/时间：　　　　　日期/时间：　　　　投诉电话：(020)87202150
盖章：　　　　　　　货车号：　　　　　　收货专用章：　　　　第1页 共1页

*白联存根 红联财务 绿联供商 蓝联仓库 黄联客户

图4-9　收货单

（4）关闭，查看取货方式后，系统提示，如图4-10所示。

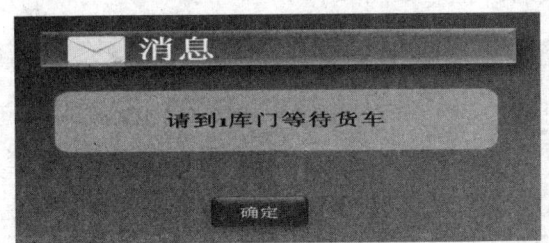

图4-10

（5）收货员跑到指定库门等待运货车，如图4-11所示。

图4-11

（6）送货车到了以后系统提示：如图4-12所示。

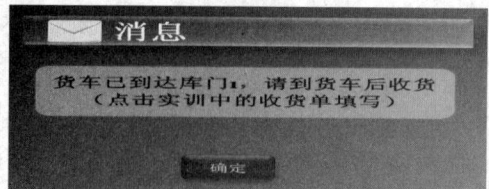

图 4-12

（7）确定后选择"▨实训中心"—"1 收货管理 ▸ 2 收货单填写"，如图 4-13 所示。

图 4-13

（8）确定后弹出收货管理框，如图 4-14 所示。

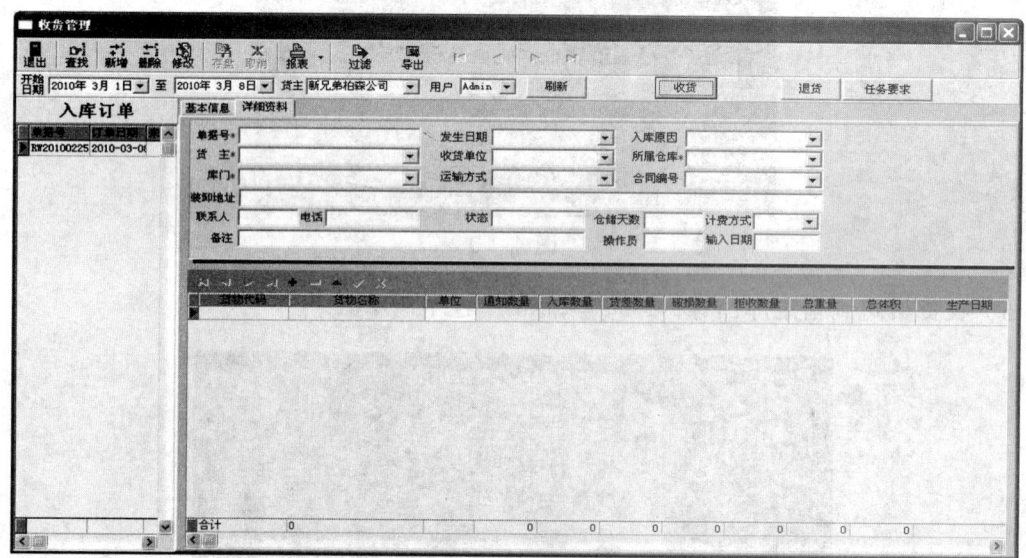

图 4-14

（9）单击" 收货 "，查看收货数据后，如图 4-15 所示。

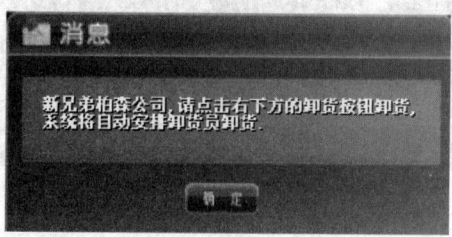

图 4-15

（10）收货员根据提示单击"卸货"按钮卸货，如图 4-16 所示。

图 4-16

（11）系统提示：如图 4-17 所示，实训结束。

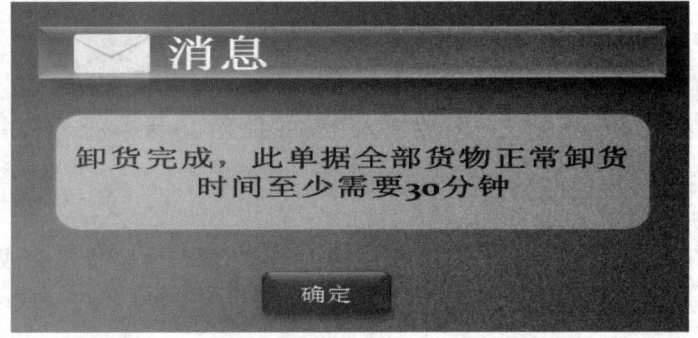

图 4-17

考核标准

收货作业考核标准

考核内容	考核标准	分值	实际得分	备注
收货订单制作	熟练、正确	20		
收货流程	正确	30		
软件操作	不出差错	30		
完成时间	速度快	20		
合　计				

实训任务九　验货作业

任务目标

（1）掌握验货的基本标准。
（2）掌握货物验收的基本项目。

任务描述

1. 客户背景

新兄弟柏森公司秉承"和衷共济，诚信立业"的核心理念，专业生产地砖、墙砖、工业用砖及卫浴产品，成为全国规模较大、品种规格较齐全、信誉较好的专业生产企业之一。

2. 任务背景

2009年9月14日新兄弟柏森公司送来一批货物到益达物流配送中心1号库门，通知益达物流公司工作人员收货。将合格的货物放入仓库中储存30天。

3. 实训任务

该批货物收货员已收货（实训任务八已完成），现在你作为验货员完成该批货物的验收。

知识链接

1. 验货工作涉及工作岗位

验货员。

2. 验货的基本标准

（1）货物验收标准原则上以包装是否完好无缺、箱口封条是否开封为基础。
（2）下列货物不得进入正常排位：箱口开封；内包装破裂，成品渗漏；外包装严重变形，造成内包装变形；纸箱破裂划痕长度大于4厘米。

3. 货物验收的基本要求

（1）严肃：验收人员必须具有高度的责任心，严格按制度、规定、标准和手续，认真进行检验，并对所验货物负全部责任。
（2）准确：对入库货物的品种、规格、数量、质量的验收，必须做到准确无误，不得掺入自己的主观偏见和臆断。要如实反映物资当时的实际情况并真实、准确地加以记录。

（3）及时：要按照有关规定及时完成验收工作、提出验收结果，以保证货物尽快入库、及时供应，并在规定期限内处理有关纠纷。

4. 验收作业程序

包括验收准备、核对证件、检验实物、登账建卡等。

（1）验收准备。包括：

① 对待验物资的产地、特点、规格、数量、计量方法做到心中有数。

② 确定存放地点，准备相应的检验工具，与生产部门配合准备好验收作业的机械、设备及人力。

③ 进口物资或委托方指定需要质量检验的，应提前通知有关检验部门会同验收。

④ 准备好全部验收凭证和资料。

（2）核对证件。包括物资入库通知单、订货合同；供货单位提供的质量证明书或合格证、装箱单或磅码单、检尺单、发货明细表；运输单位提供的运单，入库前或在运输途中发生残损等情况，还需有普通或商务记录。

核对证件就是将上述证件加以整理、分类并在实物检验过程中与实物对照、核实。

（3）检验实物。包括数量检验、质量检验：

① 数量检验。根据供货单位规定的计量方法进行数量检验，或过磅，或检尺换算，以准确地测定出全部数量。数量检验除规格整齐划一、包装完整者可抽验 10%～20% 者外，其他应采取全验的方法，以确保入库物资数量的准确。

② 质量检验。仓库一般只作物资的外观形状和外观质量的检验。进口物资或国内产品需要进行物理、化学、机械性能等内在质量检验时，应请专业检验部门进行化验和测定，并做出记录。

5. 所用工具

（1）3D 仓储与配送模拟实训系统。

（2）检验工具，如衡器（见图 4-18）、量具（见图 4-19）等。

汽车衡　　　　　　　　　磅秤

图 4-18　衡器

图 4-19　量具

实训步骤

（1）验货员登录—"实训中心"—"验货单"—选择刚才收货的单据号。

（2）根据验货单到指定库门进行验收工作（单击"▣"验货图标）。

（3）点击实训中心打开"验货单查询修改"，点击"修改"，点击" 导入验货数据 "，导入验货数据后点击" 存盘 "。关闭当前窗口，返回3D界面以确保将单据流转到下一角色。如果系统出现图4-20所示的提示，表示验货完成，单据已经流转到下一角色。

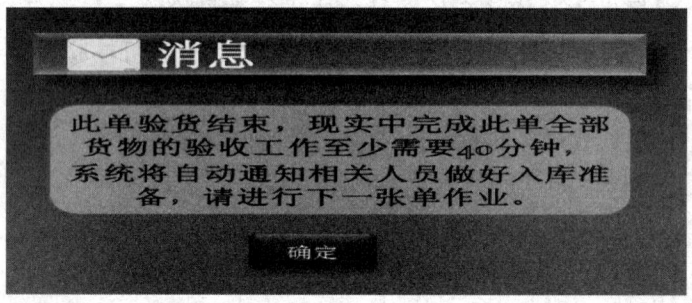

图 4-20

考核标准

验货作业考核标准

考核内容	考核标准	分值	实际得分	备注
验收的理论知识	熟悉	20		
验收的步骤	正确	30		
核对单证	不出差错	20		
3D模拟验收	速度快	30		
合计				

实训任务十 上架作业

任务目标

（1）能对需要入库的货物进行合理的库位分配。
（2）完成已验收货物的上架操作。

任务描述

1. 客户背景

新兄弟柏森公司秉承"和衷共济，诚信立业"的核心理念，专业生产地砖、墙砖、工业用砖及卫浴产品，成为全国规模较大、品种规格较齐全、信誉较好的专业生产企业之一。

2. 任务背景

2009年9月14日，新兄弟柏森公司送来一批货物到益达物流配送中心1号库门，通知益达物流公司工作人员收货。将合格的货物放入仓库中储存30天。货物现已验收合格（实训任务九已完成）。

3. 实训团队

2个同学组成一个团队，如表4-2所示，认真了解实训背景，每个人除了完成下面任务外，还需要完成任务题库的内容（若时间充裕，可以交换角色实训，熟悉完成这个任务中每个角色所做的事情）。请根据分配的角色登录。

表4-2 实训团队

序号	学号（举例）	扮演角色	主要任务	备注
1	XH04	仓管员	库位分配、上架审核	
2	XH05	上架员	货物上架	

知识链接

（1）上架作业在入库流程中的位置和涉及工作岗位，如图4-21所示。

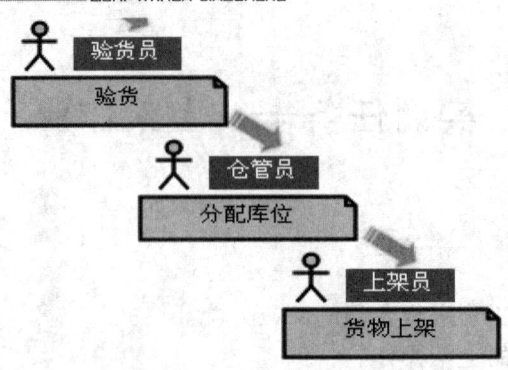

图 4-21 入库流程和涉及工作岗位

上架作业涉及仓管员和上架员。

（2）仓管员对需要入库的货物进行合理的库位分配。

（3）上架员对已分配好库位的货物进行入库作业。

（4）货位编号的方法：

比较常用的方法是"四号定位"，如图 4-22 所示。

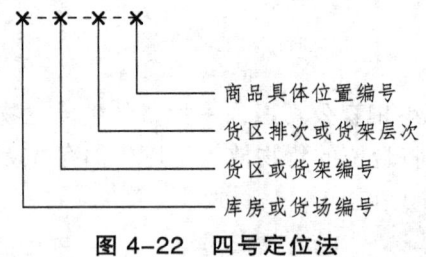

图 4-22 四号定位法

例如，13 - 15 - 2 - 26 表示：13 号库，15 号货架，第 2 层，第 26 号货位。

（5）库位分配技术。

库位分配包含两个层面的意义，一是为入库货物分配合理的库位，二是选择确定出库货物的位置。

① 库位分配的原则主要有：

a. 货架受力良好。

b. 同种货物先进先出。

c. 不同种货物分区存放。

d. 为取而存。

② 分类分区存放。根据入库货物的种类将仓储容积分为几个区域，按照出库频率来选择货物存放的分区，其中出库频率最高的货物放置在离出库台最近的分区。

（6）上架员岗位要求。

① 上架员必须熟练使用 WMS 系统。掌握 WMS 系统的操作方法及基础办公软件的应用。

② 上架员必须了解熟悉产品知识。包括产品的厂家、标识、名称、规格、型号、功能用途等。

③ 上架员要熟悉货区布局、了解货位号编程规则。

④ 上架商品与商品货位号一定要一一对应。
⑤ 对破损的商品要及时清理出来，由相关人员做处理。
（7）所用的工具。
① 3D 仓储与配送模拟实训系统。
② 叉车、托盘等。

实训步骤

1. 库位分配

操作步骤如下：

（1）XH04 用户选择仓管员登录—"实训中心"—"仓位分配"—双击刚才验货的单据号。

（2）先单击"修改"按钮，再选择库区（托盘高架区），选择库区后单击"分配"按钮，系统将自动把货物库区分配在托盘货架区，然后录入货架的具体位置，如图 4-23 所示。

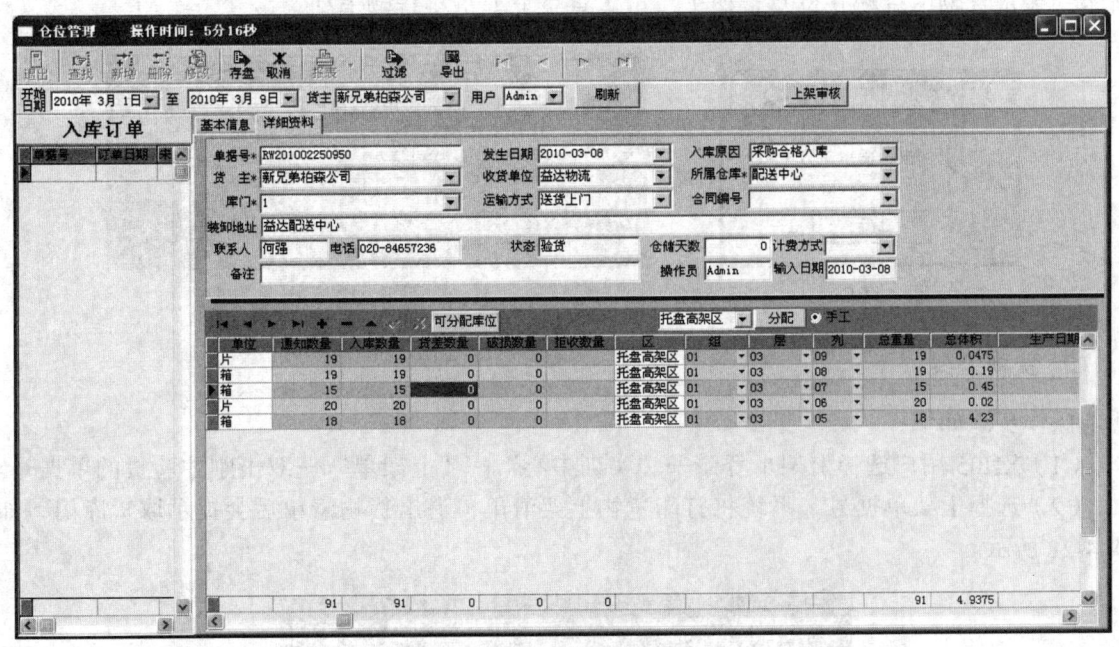

图 4-23　仓位管理界面

（3）库位分配完毕后，存盘，再单击"上架审核"按钮进行审核，如果该库位超出承载量，则审核不通过，如图 4-24 所示，托盘高架区 01 组 03 层 05 超出了该库区的承载量（总重量不得超过 500，总体积不得超过 3，可以点击"可分配库位"按钮查看库区的承载量），所以审核不通过。

图 4-24

可以减少通知数量和入库数量或分解数量直到审核通过为止，如通知数量和入库数量都是 18，这时总重量或总体积超出承载量，可以把 18 分解成通知数量为 9，入库数量为 9 和通知数量为 9，入库数量为 9 的货物，或直接减少入库数量，如图 4-25 所示。

L221	中红立体墙砖	片	20	20
TB340600	雷尼木柜组件	箱	9	9
TB340600	雷尼木柜组件	箱	9	9

图 4-25

如果总重量和总体积不超出库位的承载量，审核通过，如图 4-26 所示。

审核通过后，返回 3D 界面时系统会提示"分配货架位完成，可以进行上架"，如图 4-27 所示，表示货物已分配仓位及货架了，可以登录上架员将货物上架。

图 4-26

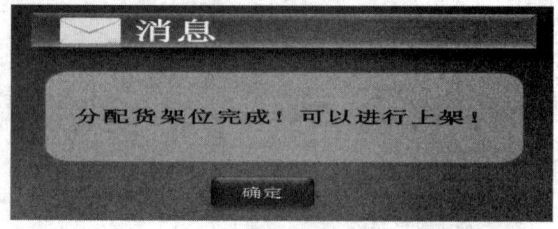

图 4-27

2. 货物上架

操作步骤如下：

（1）XH05 用户选择上架员登录—"实训中心"—"上架单"—双击刚才验货的单据号。

（2）选择上架单据号，系统将打印货物上架清单，退出货物清单后会提示取货库门，如图 4-28 所示。

图 4-28

（3）走到仓储设备存取区，点击取车"　"按钮取叉车到相应的库门取货，如图 4-29 所示。

图 4-29　取叉车场景

（4）取车后，把车开到系统所提示的库门再点击取货按钮取货，如图 4-30 所示。

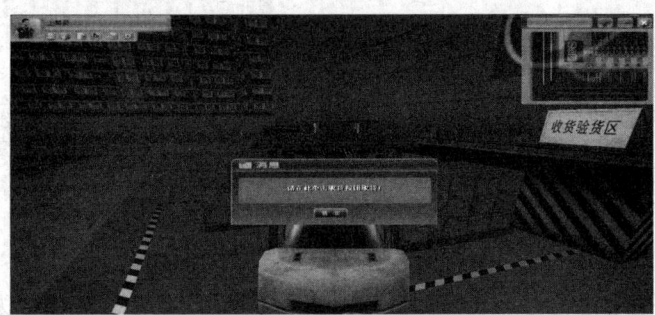

图 4-30　取货场景

（5）取货后系统会提示货架的位置，如图 4-31 所示。
（6）按照系统提示把货物放到对应的货架上，直到系统提示上架完成，如图 4-32 所示。

图 4-31

图 4-32

考核标准

上架作业考核标准

考核内容	考核标准	分值	实际得分	备注
货位分配	合　理	20		
货位管理知识	熟　悉	20		
理货上架	是否按仓位分配上架	30		
语言表达	逻辑性、完整性	30		
合　计				

实训任务十一　发货作业

任务目标

（1）熟悉发货订单的制作。
（2）掌握发货作业操作。

任务描述

1. 任务背景

2009年10月14日新兄弟柏森公司在益达物流配送中心1号库的一批货物储存期将届满，通知益达物流公司在10月15日将该批货物送到希望建材超市仓库。

2. 实训团队

2个同学组成一个团队，如表4-3所示，认真了解实训背景，每个人除了完成下面任务外，还需要完成任务题库的内容（若时间充裕，可以交换角色实训，熟悉完成这个任务中每个角色所做的事情）。请根据分配的角色登录。

表 4-3　实训团队

序号	学号（举例）	扮演角色	主要任务	备注
1	XH01	客服文员	缮制出库单	队长
2	XH05	发货员	发货	

知识链接

（1）发货工作在出库流程中的位置和涉及工作岗位，如图4-33所示。

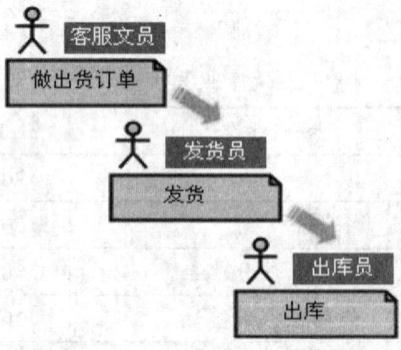

图 4-33　出库流程和涉及工作岗位

发货工作涉及客服文员和发货员。

（2）发货订单是作为发货的一份单据，包含了交货收货双方的相关信息以及货物的具体资料。

（3）发货流程。

① 所有的出库必须有公司授权的单据（授权签字，印章）作为发货依据。

② 接到公司出库通知时，仓管进行单据审核（检查单据的正确性，是否有充足的库存），审核完毕后，通知运输部门安排车辆。

③ 仓管严格依据发货单发货，如发现发货单上或货物数量有任何差异，必须及时通知主管，并在发货单上清楚注明问题情况，以便及时解决。

④ 仓管依据发货单核对备货数量，依据派车单核对提货车辆，并检查承运车辆的状况后方可将货物装车。

⑤ 仓管按照派车单顺序将每单货品依次出库，并与司机共同核对出库产品编号、数量、状态等。

⑥ 装车后，司机应在出仓单上写明车号、姓名，同时仓管、司机签字。

（4）所用的工具。3D仓储与配送模拟实训系统。

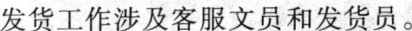

实训步骤

1. 做发货订单

操作步骤如下：

（1）客服文员登录—"实训中心"—"发货订单"—"货物做发货订单"。

（2）划定一个时期段，选定货主，刷新后单击"新增"，填写单据号及其他表体相关内容，根据"任务"要求进行填写；下框货物的具体相关信息单击"✚"，货物名称可在下拉菜单中进行选择，选择了货物后，相应的货物代码和单位会自动生成，填好此单货物发生数量。

（3）整个表体内容填写完整后，单击"存盘"，保存所填写的信息。

2. 发　货

操作步骤如下：

（1）发货员登录，"实训中心"—"发货单"，选择需要发货的单据后，弹出货物拣选管理窗口，如图4-34所示。

（2）单击"拣选"—"修改"—点击"库存数量"，查看库存的货物（系统会将该货物的库存数量及位置显示出来，根据出库数量双击选择货物，货物的位置信息自动导入），双击选择货物。一张单中有多个货物时，按键盘方向键↓跳到下一个货物，重复同样操作选择库存货物。如图4-35，图4-36所示。

（3）重复以上操作直到将所有要出库的货物位置信息全部导入后，填写库门存盘，单击"出库审核"按钮审核，如果出现图4-37所示提示表示审核未成功，需要填写完整货物信息。

（4）如果库位、库门、分拣口等信息都填写完整，则提示审核通过，完成发货操作，如图4-38所示。

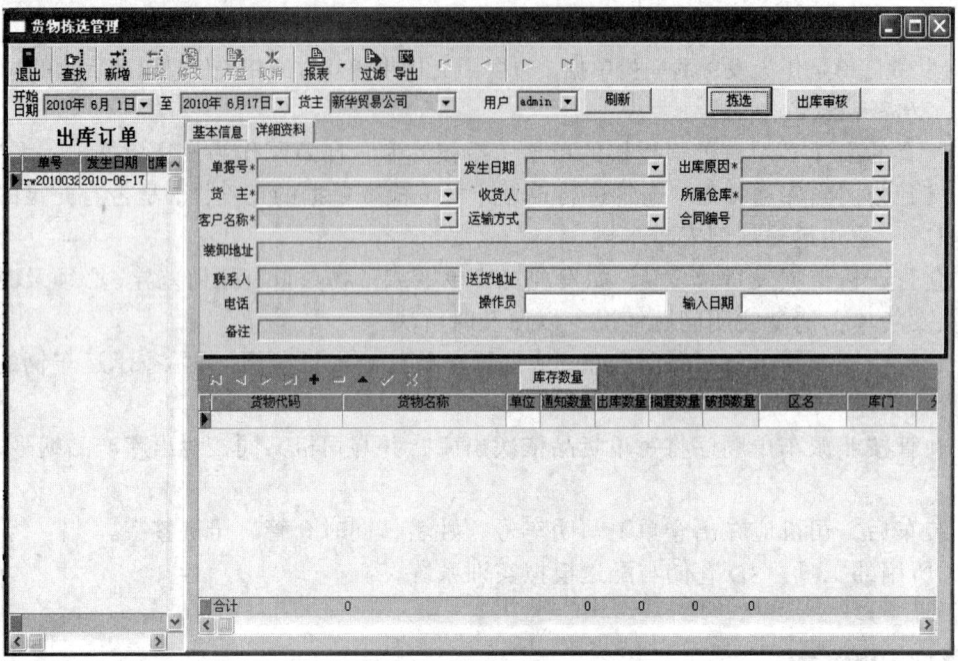

图 4-34　货物拣选管理窗口

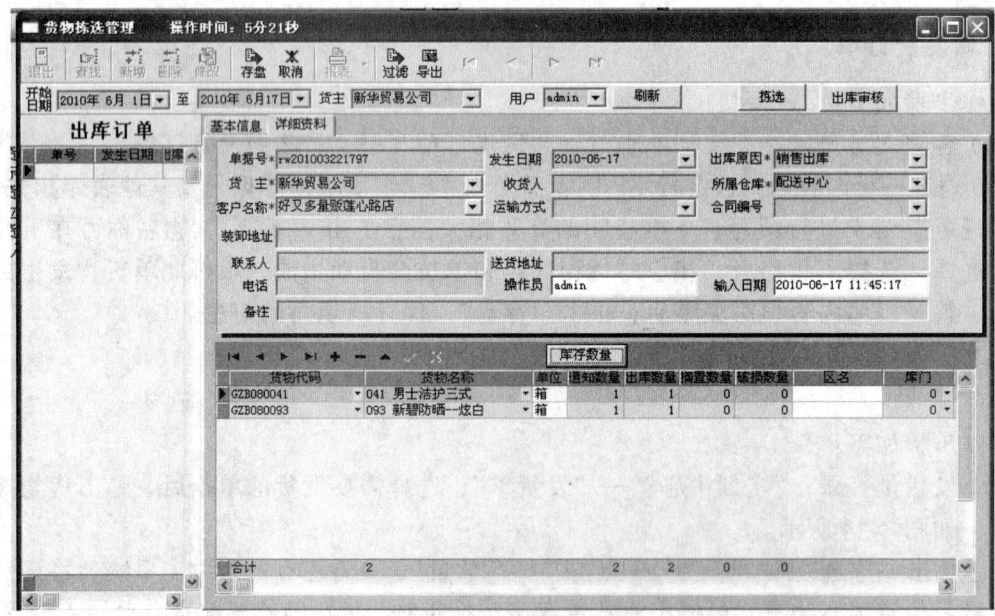

图 4-35　货物拣选窗口

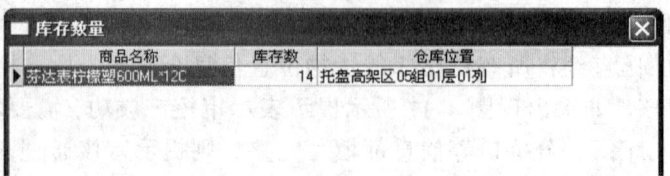

图 4-36

第四章　理货员

图 4-37

图 4-38

注：提示审核通过返回 3D 界面有时会出现以下提示，因为此单据货物不是放在自动立库区，发货员不能直接发货，所以提示换角色，如果此单据货物放在自动立库区，发货员可以点击右下边的发货按钮直接发货。如果货物放在电子标签区，则换拣选员拣货出库，如果货物放在自动立库区和电子标签区除外的库区，则换出库员出库，如托盘高架区等，如图 4-39 所示。

图 4-39

考核标准

发货作业考核标准

考核内容	考核标准	分值	实际得分	备注
发货订单制作	熟练	20		
发货操作	熟练	30		
问题处理	速度快	20		
语言表达	逻辑性、完整性	30		
合　　计				

实训任务十二　拣选作业

任务目标

（1）能准确表述仓储管理中拣选作业流程。
（2）能熟练完成货物的拣选作业。

任务描述

1. 任务背景

益达配送中心接到客户新华贸易公司的通知,在3月11日给华联超市人民路店送货,送货商品信息如表4-4所示。

表4-4 送货商品信息

货物代码	货物名称	单位	数量	备注
MK8	芬达柠檬(塑)600ML*12C	箱	14	
MK15	芬达橙(塑)1.5L*12A	箱	14	
MK26	芬达橙(塑)600ML*12	箱	16	
MK154	雪碧(罐)355ML*12C	箱	18	
MK156	雪碧(罐)355ML*24B	箱	12	
合 计			74	

2. 实训任务

按客户的要求数量对存储在标签货架区的货物进行拣选。

3. 实训团队

3个同学组成一个团队,如表4-5所示,认真了解实训背景,每个人除了完成下面任务外,还需要完成任务题库的内容(若时间充裕,可以交换角色实训,熟悉完成这个任务中每个角色所做的事情)。请根据分配的角色登录。

表4-5 实训团队

序号	学号(举例)	扮演角色	主要任务	备注
1	XH01	客服文员	缮制入库单	队长
2	XH05	发货员	出库	
3	XH07	拣选员	拣货、出库	

知识链接

(1)拣货工作涉及工作岗位。拣货工作涉及客服文员和拣选员。

(2)在做拣货工作之前,需要做一个完整的收货任务,并且将货物分配并上架到电子标签货架。

(3)拣货作业是依据顾客的订货要求或配送中心的送货计划,尽可能迅速、准确地将商品从其储位或其他区域拣取出来,并按一定的方式进行分类、集中、等待配装送货的作业流程。

(4)拣货作业的基本过程包括以下4个环节:

① 拣货信息的形成。拣货作业开始前,指示拣货作业的单据或信息必须先行处理完成。

② 行走与搬运。拣货时,拣货作业人员或机器必须直接接触并拿取货物,这样就形成了拣货过程中的行走与货物的搬运。

③ 拣货。无论是人工或机械拣取货物都必须首先确认被拣货物的品名、规格、数量等内容是否与拣货信息传递的指示一致。

④ 分类与集中。配送中心在收到多个客户的订单后,可以形成批量拣取,然后再根据不同的客户或送货路线分类集中,有些需要进行流通加工的商品还需根据加工方法进行分类,加工完毕再按一定方式分类出货。

(5)拣货作业的主要方法。配送中心常用的拣货作业主要有两种,单一拣取和批量拣取。

(6)所用的工具。3D仓储与配送模拟实训系统。

实训步骤

1. 做发货订单

操作步骤如下:

(1)客服文员登录—"实训中心"—"发货订单"—"货物做发货订单"。

(2)划定一个时期段,选定货主,刷新后单击"新增",填写单据号及其他表体相关内容,根据"任务"要求进行填写;下框货物的具体相关信息单击" ",货物名称可在下拉菜单中进行选择,选择了货物后,相应的货物代码和单位会自动生成,填好此单货物发生数量。

(3)整个表体内容填写完整后,单击"存盘",保存所填写的信息。

2. 拣 货

操作步骤如下:

(1)发货员登录—"实训中心"—"发货单",选择需要发货的单据后,弹出货物拣选管理窗口,发货员完成单据填写后,弹出提示如图4-40所示。

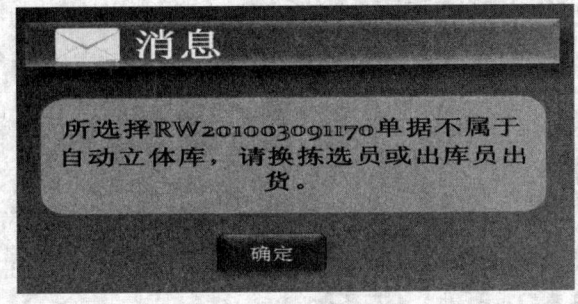

图4-40 消息框

（2）拣选员登录—"实训中心"—"拣货订单"，选择出库单据，确定后弹出货物的出库单及取货点，关闭出库通知单，系统提示出库所用到的工具及货物存放位置，如图4-41，图4-42所示。

出仓通知单

供应商：新华贸易公司　　　　　　　　　　　　　　　　　　订单号：
客户名称：华联超市人民路店　　收货地址：　　　　　　　　客户订单号：
联系人：吴小青　　　　　　　　电话：　　　　　　　　　　打印日期 2010-3-11
送货地址：益达配送中心

货物代码	货物名称	单位	通知数	破损数	实发数	体积立方	重量Kg	库位	生产日期
MK8	芬达柠柠檬塑600ML*12C	箱	14	0	14	0.35	111.16	托盘高架区05组01层01列	0
MK15	芬达橙塑1.5L*12A	箱	13	0	13	0.33	257.4	托盘高架区05组02层01列	0
MK26	芬达橙塑600ML*12	箱	16	0	16	0.4	127.84	托盘高架区05组03层01列	0
MK154	雪碧罐355ML*12C	箱	19	0	19	0.52	88.16	托盘高架区05组01层02列	0
MK156	雪碧罐355ML*24B	箱	12	0	12	0.33	112.8	托盘高架区05组02层02列	0
合　计			74	0	74	1.93	697.36	—	—

备货仓管员：　　　送货人：　　　　客户签名：　　　操作人 Admin　　第1页 共1页
发货仓管员：　　　证件编号：　　　日期/时间：　　　仓库发货章：
日期/时间：　　　　日期/时间：　　　盖章：
仓库发货章：　　　车牌号：

白联（存根）　红联（财务）　绿联（供商）　蓝联（仓库）

图 4-41　出仓通知单

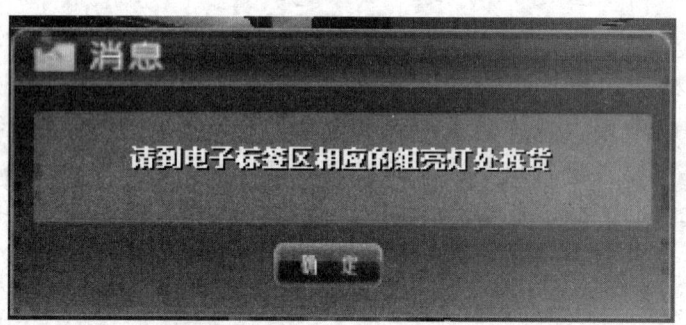

图 4-42　消息

（3）走到电子标签货架亮灯处，如图4-43所示。

图 4-43　电子标签货架

（4）再点击截图中红色条，所有红色条点完后弹出提示，如图4-44所示。

图4-44

（5）根据提示到地图中"楼梯处"找到并点击核单员，点击后弹出"流程结束，如图4-45所示。

图4-45 拣货结束界面

第五章 调度员

 **岗位介绍**

岗位名称：调度员
所属部门：配送部
直接上级：配送经理
直接下级：无
本职工作：根据客户订单安排车辆、优化运输线路；发货作业安排、装车作业现场监督；跟踪送货作业情况，及时解决送货作业中出现的问题。
岗位职责：
（1）高效完成长途调拨、市内短拨作业任务，合理调整作业安排（包括装载量，到货时间等）。
（2）协助开发、组织各种社会运力。
（3）合理派工与调度，优化运输线路，降低运输成本。
（4）负责货物运输的安全与及时性，及时跟进查询，或解决突发问题。
岗位职权：
（1）预分拣作业管理，商品调度安排。
（2）发货作业安排，装车作业现场监督。
（3）送货作业在途监控，作业质量监督。
（4）单据、台账、报表管理，发票管理。
岗位考核：
（1）运输业务。
① 货物到达进仓及时率：98%+
② 残损率：0
③ 准时回单率：98%+
④ 运输工具质量及格率：100%
⑤ 发运及时率：99%+
（2）运输业务单证（传递，填写）。
① 及时率：98%
② 准确率：100%
③ 完整率：100%
（3）业务成本控制。
每项业务运作的每月支付单位成本必须低于成本控制指标。

第五章 调度员

实训任务十三 车辆调度、装车

任务目标

（1）掌握车辆调度的流程。
（2）掌握安排车辆时应该考虑的因素。
（3）能合理地积载货物。

任务描述

实训任务十二已完成，现要求调度员安排车辆，装车。

2个同学组成一个团队，如表5-1所示，认真了解实训背景，每个人除了完成下面任务外，还需要完成任务题库的内容（若时间充裕，可以交换角色实训，熟悉完成这个任务中每个角色所做的事情）。请根据分配的角色登录。

表 5-1 实训团队

序号	学号（举例）	扮演角色	主要任务	备注
1	XH08	调度员	车辆调度	队长
2	XH09	配载员	车辆申请、装车	

知识链接

（1）车辆调度、装车工作流程和涉及工作岗位，如图5-1所示。

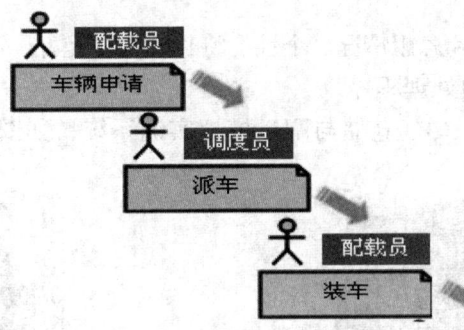

图 5-1 工作流程及岗位

所涉及工作岗位：配载员、调度员。

（2）车辆调度是指制订行车路线，使车辆在满足一定的约束条件下，有序地通过一系列装货点和卸货点，达到诸如路程最短、费用最小、耗时最少等目标。

(3)调度工作内容由计划、监督(控制)与统计分析3大部分构成。

① 科学地组织运输活动。合理安排配送车辆,保证配送工作的有序进行;优化配送线路,在保证配送任务按期完成的前提下实现最小的运力投入。

② 监督、领导运输工具的安全运行。不断了解和分析计划执行过程中各配送因素的变动情况,及时协调各环节的工作,并提出作业调整措施。

③ 及时了解配送任务的执行情况,进行配送活动的统计与分析工作。据此提出改进工作的意见和措施,从而提高运输工具的工作效率和营运效果,保证完成和超额完成运输计划。

(4)车辆调度原则。

① 按制度调度:坚持按制度办事,按车辆使用的范围和对象派车。

② 科学合理调度:所谓科学性,就是要掌握单位车辆使用的特点和规律。调度合理就是要按照现有车的行驶方向,选择最佳行车路线,不跑弯路和绕道行驶;在一条线路上重复派车;在一般情况下,车辆不能一次派完,要留备用车辆,以应急需。

③ 灵活机动:所谓灵活机动,就是对于制度没有明确规定,但确定需要紧急用车的,要从实际出发,灵活机动,恰当处理,不能误时误事。

(5)调度工作的"三熟悉、三掌握、两了解"。

调度人员通过调查研究,对客观情况必须做到"三熟悉、三掌握、两了解"。

① 三熟悉。

a. 熟悉各种车辆的一般技术性能和技术状况、车型、技种、吨位容积、车身高度、自重、使用性能、拖挂能力、技术设备、修保计划、自编号与牌照号,驾驶员姓名。

b. 熟悉汽车运输的各项规章制度、安全工作条例、交通规则、监理制度的基本内容。

c. 熟悉营运指标完成情况。

② 三掌握。

a. 掌握运输路线、站点分布、装卸现场的条件及能力等情况并加强与有关部门的联系。

b. 掌握货物流量、流向、货种性能、包装规定,不断地分析研究货源物资的分布情况,并加强与有关部门的联系。

c. 掌握天气变化情况。

③ 两了解。

a. 了解驾驶员技术水平和思想情况、个性、特长、主要爱好、身体健康情况、家庭情况等。

b. 了解各种营运单据的处理程序

(6)所用的工具。电脑、3D仓储与配送模拟实训系统,如图5-2、5-3所示。

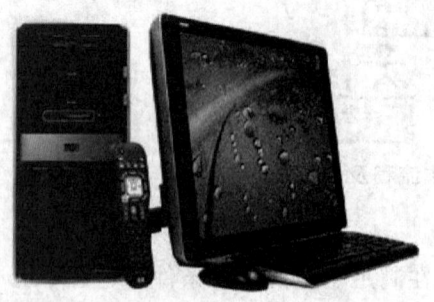
图5-2 电脑

图5-3 3D仓储与配送模拟实训系统

1. 车辆申请

本任务主要是对准备出库的货物进行配送车辆的申请，操作步骤如下：

（1）配载员登录，回到工作岗位后—"实训中心"—"配送管理"。

（2）打开此页面，点击"刷新"—再点击"新增"，选择车辆的"车长"，填写派车人、运输时间后"存盘"，如图5-4所示。

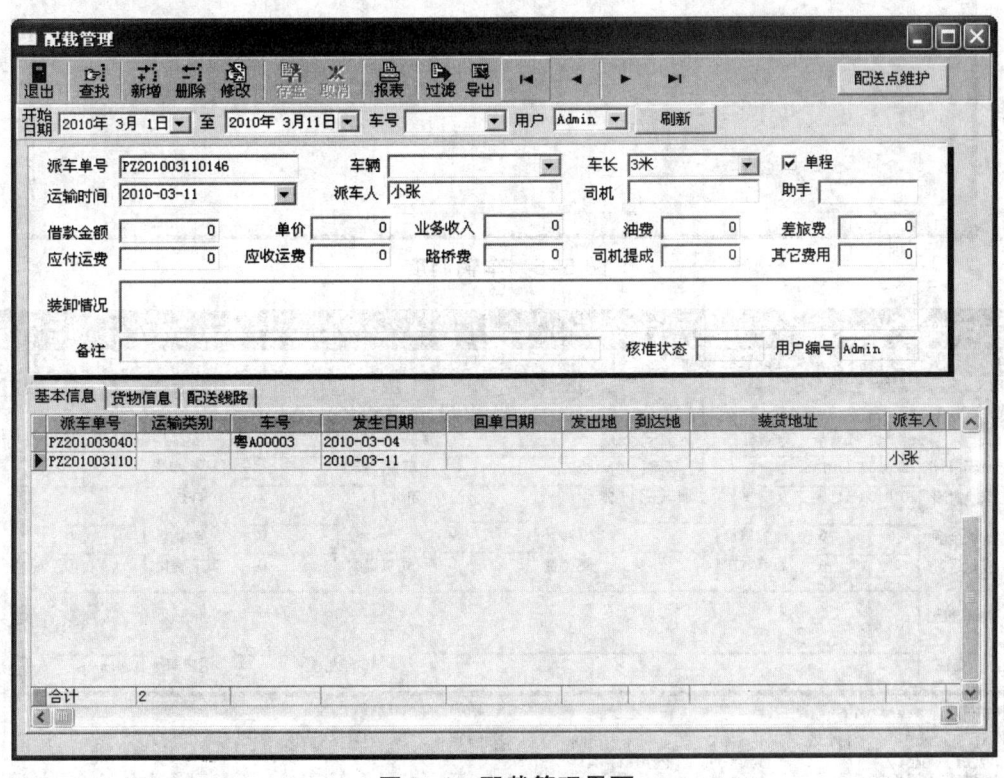

图5-4 配载管理界面

2. 派 车

操作步骤如下：

（1）"配送部"—"调度员"登录回到工作岗位后，在实训中心打开车辆调度，弹出调度窗口，单击修改按钮，选择车长为3 m的车辆，存盘退出，申请车辆成功，如图5-5所示。

3. 装 车

操作步骤如下：

（1）在配载好货物后，即可对所配货物进行装车，如图5-6所示，角色登录界面中切换"配送部"—"配载员"登录。回到工作岗位后在实训中心打开配送管理，点击刷新按钮找到刚才新增的单据，如图5-6所示。

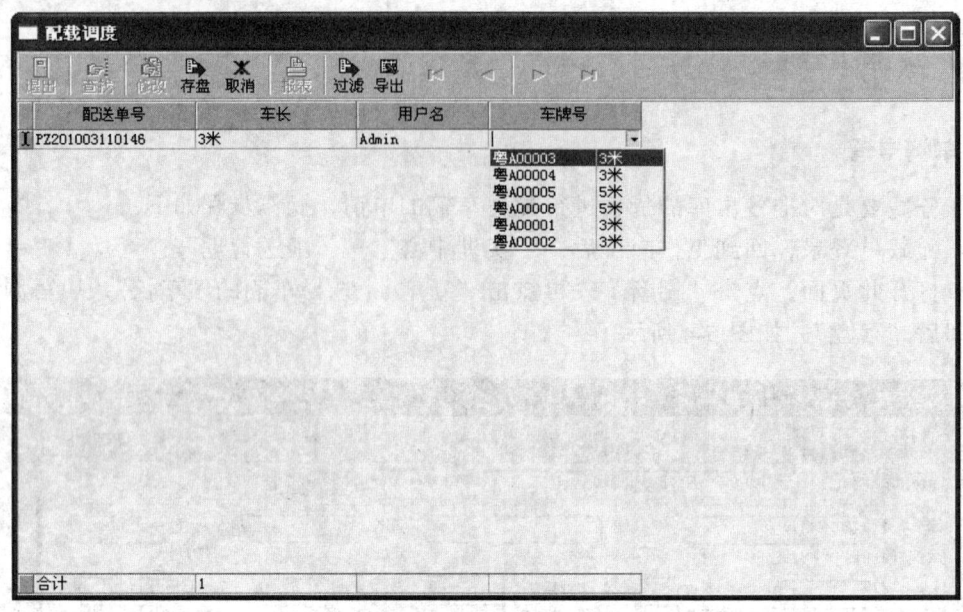

图 5-5 车辆调度

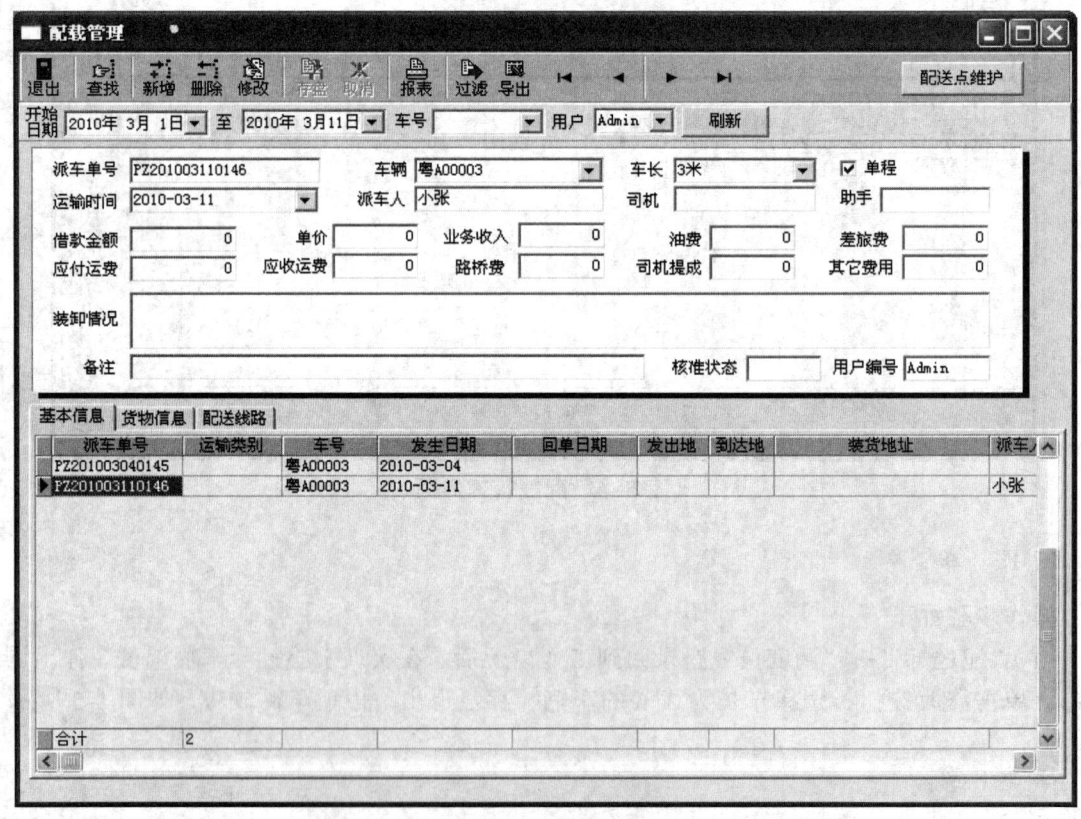

图 5-6 配载管理

（2）选择"修改"—"货物信息"—"选货物"，在需要装车的货物单据号前打钩，然后"确定"退出，如图 5-7 所示。

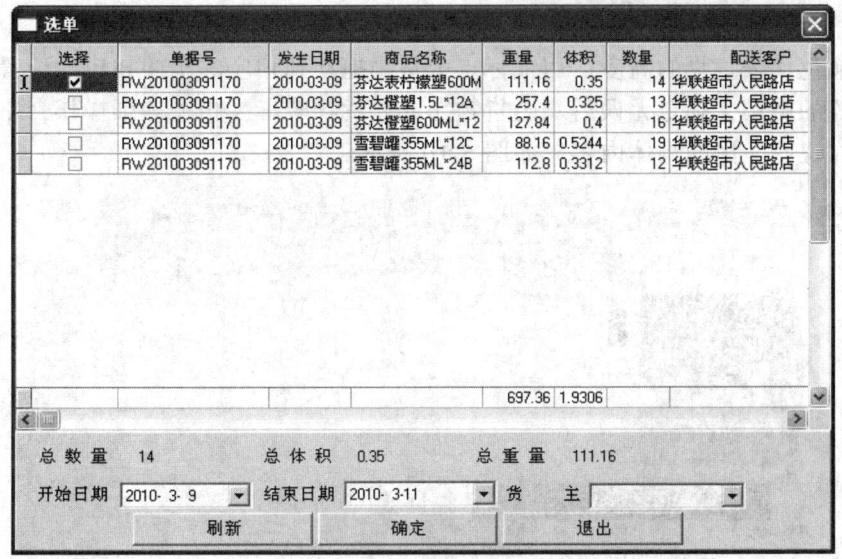

图 5-7 选单

注意：选择开始日期和结束日期可进行时间的过滤。请尽量将一辆车装满，一起配送多个点的货物。

（3）点击 配载管理 窗口中的 货物信息 选项卡，如图 5-8 所示。

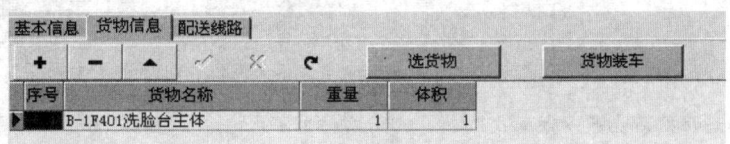

图 5-8

（4）点击 货物装车 ，弹出 车辆装箱 窗口，如图 5-9 所示。

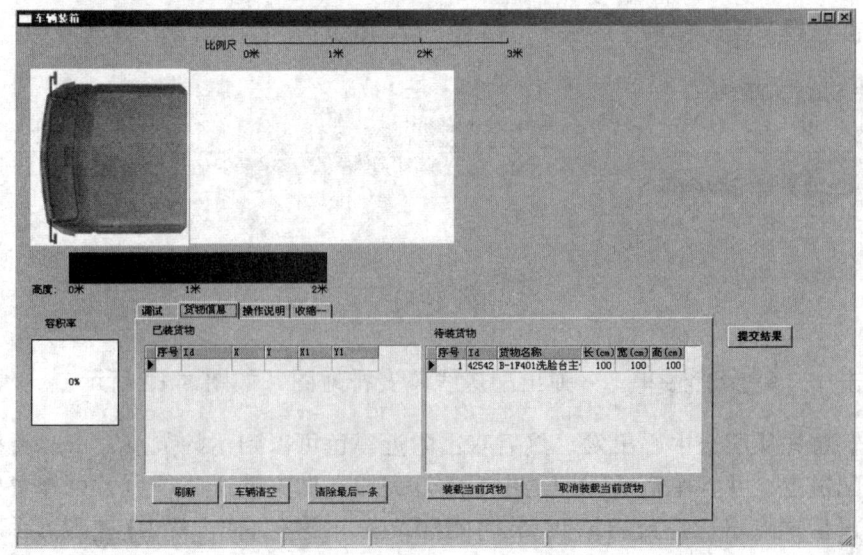

图 5-9

（5）选择货物后，点击"转载当前货物"，则相应货物变成红色，并出现一个当前货物的平面模型，颜色代表货物的高度，用鼠标点中货物拖动到相应的车厢相应的位置，按方向键可以进行位置的微调，确定无误后双击货物完成此货物装车。相关详细操作介绍，可参考对话框中"操作说明"里的具体内容，如图 5-10 所示。

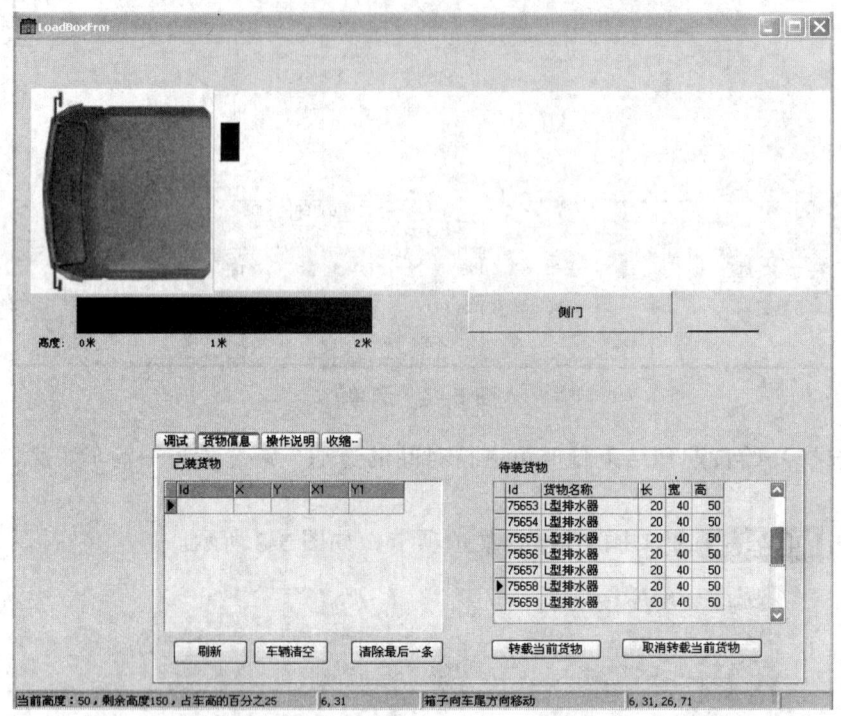

图 5-10

（6）全部货物装车完毕后点击 提交结果 按钮，弹出 ，关闭 车辆装箱 窗口。

（7）点击选择" 配送线路 "选项卡，如图 5-11 所示。

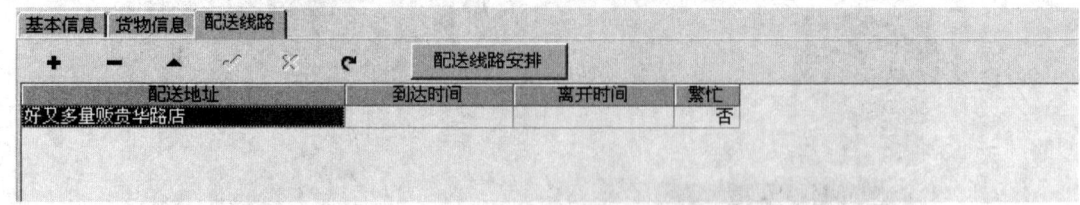

图 5-11

（8）点击" 配送线路安排 "弹出配送线路安排地图，如图 5-12 所示。

（9）车辆首先从配送中心出发，然后双击附近黑色可以到达的节点，依此类推，直到经过所有需要配送点，并且车辆返回配送中心才算完成；做完配送路径后，可查看模拟配送结果，确定无误后请点击"提交结果"，关闭此框，按" 存盘 "退出 配载管理 窗口后系统提示，如图 5-13 所示。

第五章 调度员

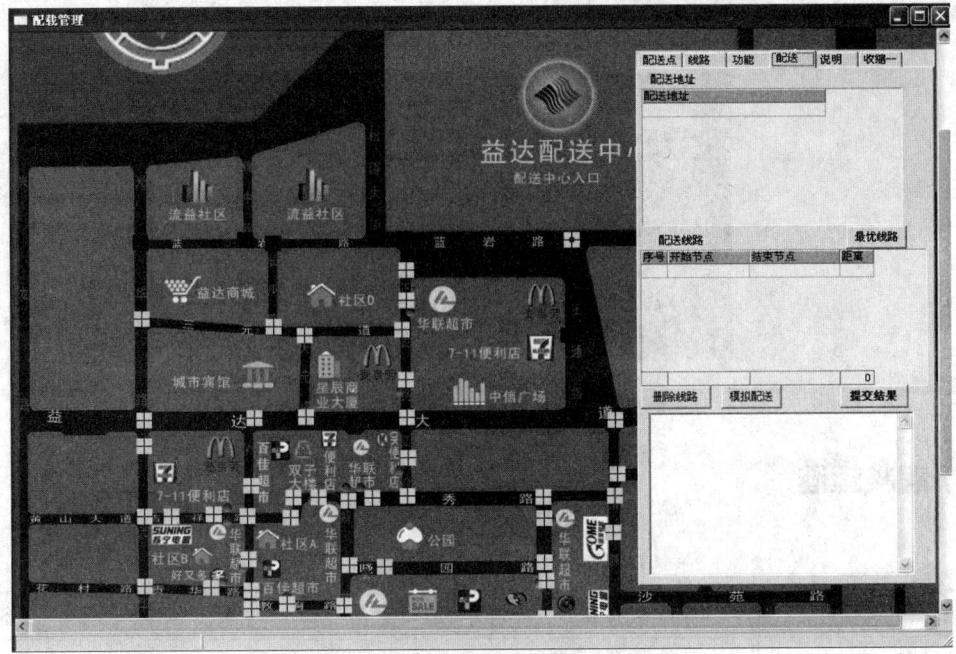

图 5-12

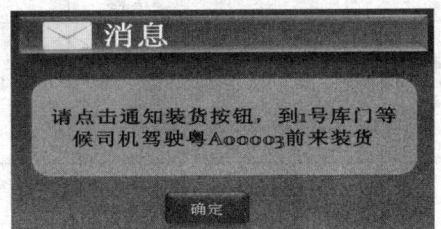

图 5-13

（10）确定关闭提示内容后，点击离开工作岗位按钮 ，再点击通知装货按钮 ，系统会自动传送到出库区库门等待车辆过来装货，如图 5-14 所示。

图 5-14

（11）系统将自动完成货物的装车。装车完毕后系统提示，如图 5-15 所示。

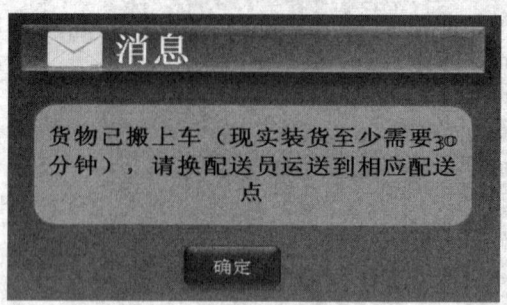

图 5-15

车辆调度、装车作业考核标准

考核内容	考核标准	分 值	实际得分	备 注
车辆安排	最优	30		
配送时间	最短	20		
车辆调度理论知识	熟悉	20		
3D 模拟调度	熟练	30		
合 计				

第六章 送货员

 **岗位介绍**

岗位名称：送货员（配送员）
所属部门：配送部
直接上级：配送经理
直接下级：无
本职工作：负责将货物安全准时运送至指定地点，在现金结算及核对收款中，提供优质的服务；回收客户的退货。

岗位职责：

（1）负责核对出库货物及促销品，履行相关手续。
（2）安全、及时、保质、保量将货物送到客户处。
（3）按标准规范要求搬运货物至客户处，确保服务满意度不断提升。
（4）按规定办理零售客户的退货手续。
（5）货款交接时，按规定履行签字交接手续，确保货款安全，及时回交，账款相符。
（6）负责送货票据的装订并归档。
（7）按照中心规定，收集、整理、传递、反馈市场信息。
（8）按规定回收包装容器和包装材料。

岗位职权：
指挥司机和装卸工的操作。

岗位考核：

（1）货物准确率：100%
（2）运输工具利用率：90%
（3）货物的残损率：0%
（4）质量保证能力：95% +
（5）业务单证处理（填写，传递）：
　　及时率：98%
　　准确率：100%
　　完整率：100%

实训任务十四 送货作业

任务目标

(1) 掌握送货的重要性。
(2) 掌握送货的流程及必要的单证。

任务描述

1. 任务背景

实训任务十三已把要送往华联超市的货物装上了汽车,并安排了线路。现在根据配送单进行送货。

2. 实训岗位

送货员(配送员)。

知识链接

(1) 送货工作在配送配载业务流程中的位置和涉及工作岗位,如图 6-1 所示。

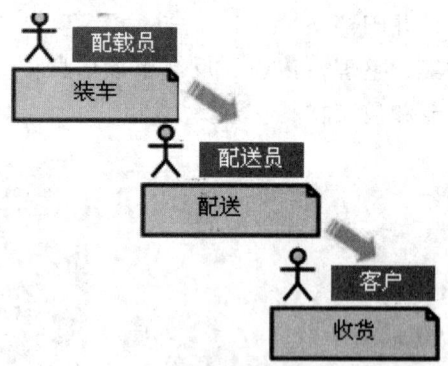

图 6-1 业务流程及涉及工作岗位

(2) 送货又称最后一公里物流,是配送的最后一个环节。它的优势是可以实现"门到门",按时按需送货上门。最主要的作用是方便用户,提高用户满意度,进而扩大客户群。
(3) 送货员是企业与用户之间的桥梁和纽带,也是企业形象的代表。送货员服务的好坏直接影响企业的现象。
(4) 所用的工具。电脑、3D 仓储与配送模拟实训系统。

第六章 送货员

实训步骤

操作步骤如下：

（1）配送员登录—"实训中心"—"▶1 功能管理　▶1　配送单"，如图6-2所示。

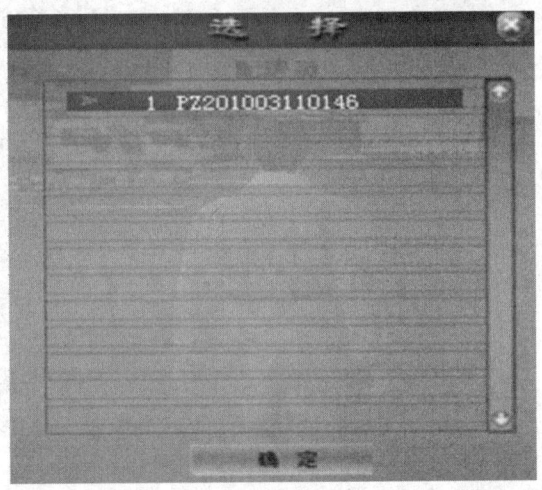

图6-2

（2）选择单据号后按"确定"；出现消息对话框，如图6-3所示。

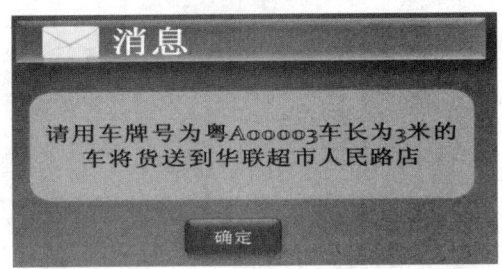

图6-3

（3）到停车场找到这辆车（红色车为5 m长，灰色车为3 m长）后按" "上车，开到出口，点击菜单中的物流帝国都市，如图6-4所示。

图6-4

（4）把车开到系统提示的目的地（具体地点看地图""），如图 6-5 所示。

图 6-5

（5）完成送货后将车开回配送中心，流程结束。

送货作业考核标准

考核内容	考核标准	分值	实际得分	备注
送货理论知识	良好	40		
口头表达	清楚	30		
3D 模拟送货	熟练	30		
合　计				

第七章　安全员

 **岗位介绍**

岗位名称：安全员
所属部门：仓储部
直接上级：仓储经理
直接下级：无
本职工作：在仓储经理领导下负责仓库安全管理工作，协助部门经理管理日常事务。
岗位职责：
（1）服从管理、听从指挥，对部门领导负责。
（2）贯彻国家、省市方面的方针、政策、法律、法规。
（3）负责仓库安全技术设施、安全装置、防护设施、消防器材的检查和管理工作，使其处于完好状态。
（4）发布安全管理信息，收集安全管理状况，开展安全生产竞赛。
（5）制订安全教育培训计划，督促其他部门做好安全培训工作。
（6）会同有关部门做好安全事故的报告、统计和调查处理工作。
（7）负责其他临时性的安全工作。
岗位职权：
（1）监督、检查生产安全及生产安全隐患整改的工作情况。
（2）签发"安全隐患整改书"。
（3）制止违章现象。
岗位考核：
（1）消防安全工作计划执行率：100%
（2）安全培训计划完成率：95%
（3）考核内容结果、合格率：100%
① 消防器材每周检查一次。
② 检查记录详细。
③ 消防器材完好率100%。
（4）发现问题及时处理并上报。
（5）解决安全隐患，整改满意度：100%

实训任务十五　消防安全

任务目标

（1）掌握火灾发生的机理，能采取合理的措施防止火灾的发生。
（2）能识别火灾的类别，会正确使用常用的灭火器。

任务描述

1. 任务背景

益达物流公司新招进员工一批，报到后的第一任务是接受培训。培训的一个内容是"仓库消防安全及消防器材使用"，由安全员主持培训。

2. 实训团队

3～5人为一组进行。

知识链接

（1）消防安全涉及工作岗位：安全员。
（2）仓库消防安全必须贯彻"预防为主，防消结合"的方针，实行"谁主管，谁负责"的原则。
（3）火的形成需要下列3个要件：即可燃物、空气和火源，三者缺一火即无法形成。
（4）对火灾扑救，通常采用窒息（隔绝空气），冷却（降低温度）和拆除（移去可燃物）等方法。
（5）火灾分类的名称和定义：
① A类火灾：指含碳固体物质（有机物质）为可燃物的火灾，一般在燃烧时能产生灼热的余烬。如木材、棉、毛、麻、纸张等燃烧的火灾。
② B类火灾：指液体火灾和可熔化的固体物质火灾。如汽油、煤油、柴油、原油、甲醇、乙醇、沥青、石蜡等燃烧的火灾。
③ C类火灾：指气体火灾。如煤气、天然气、甲烷、乙烷、丙烷、氢气等燃烧的火灾。
④ D类火灾：指金属火灾。如钾、钠、镁、钛、锆、锂、铝镁合金等燃烧的火灾。
⑤ E类火灾：带电火灾，指带电物体燃烧的火灾。
（6）火灾发生初期，火势较小，如能正确使用好灭火器材，就能将火灾消灭在初起阶段，不至于使小火酿成大灾，从而避免重大损失。
通常用于扑灭初起火灾的灭火器，类型较多，使用时必须针对火灾燃烧物质的性质，否则会适得其反,有时不但灭不了火,而且还会发生爆炸。由于各种灭火器材内装的灭火药剂对不同火灾的灭火效果不尽相同,所以必须熟练地掌握灭火器在扑灭不同火灾时的灭火作用。

(7)灭火器的种类及使用方法,见表7-1。

表7-1 灭火器的使用方法

干粉灭火器的使用方法	适用范围:适用于扑救各种易燃、可燃液体和易燃、可燃气体火灾,以及电器设备火灾。
 ❶右手握着压把,左手托着灭火器底部,轻轻地取下灭火器	 ❷右手提着灭火器到现场
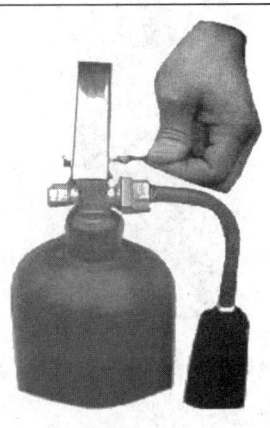 ❸除掉铅封	 ❹拔掉保险销
 ❺左手握着喷管,右手提着压把	 ❻在距火焰2米的地方,右手用力压下压把,左手拿着喷管左右摆动,喷射干粉覆盖整个燃烧区

续表 7-1

泡沫灭火器的使用方法	主要适用于扑救各种油类火灾，以及木材、纤维、橡胶等固体可燃物火灾
 ❶右手握着压把，左手托着灭火器底部，轻轻地取下灭火器	 ❷右手提着灭火器到现场
 ❸右手捂住喷嘴，左手执筒底边缘	 ❹把灭火器颠倒过来呈垂直状态，用劲上下晃动几下，然后放开喷嘴
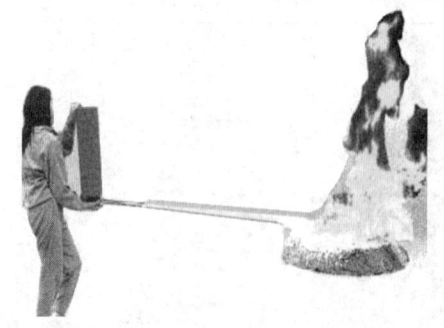 ❺右手抓筒耳，左手抓筒底边缘，把喷嘴朝向燃烧区，站在离火源8米的地方喷射，并不断前进，兜围着火焰喷射，直至把火扑灭	 ❻灭火后，把灭火器卧放在地上，喷嘴朝下

备注：

（1）泡沫灭火器：适用于 AB 类火灾，分为化学泡沫和机械泡沫两种，其中化学泡沫使用时颠倒使用，现已淘汰，而机械泡沫使用方法同干粉灭火剂。缺点：造成污染，不可使用于 C 类火灾，每四个月检查一次，药剂一年更换。

（2）二氧化碳灭火器：适用于 BC 类火灾，使用方法：a）拔出保险插销；b）握住喇叭喷嘴和阀门压把；c）压下压把即受内部高压喷出。每三个月检查一次，重量减少需重新灌充。缺点：使用人员极易冻伤。

（3）干粉灭火器：分为 ABC 和 BC 干粉两种，其中适用 ABC 类火灾，使用方法：a）拔掉保险销；b）喷嘴管朝向火焰，压下阀门压把即可喷出。三个月检查压力表（1.2 MPa），药剂有效时限三年。

（4）清水灭火器：它最适合灭 A 类火灾，不适合扑灭其他类火灾。采用拍击法：先将清水灭火器直立放稳，摘下保护帽，用手掌拍击开启杠顶端的凸头，水流便会从喷嘴喷出。

（8）所用的工具：相关灭火器。

实训步骤

1. 仓库火灾的预防

（1）根据火的形成需要 3 要素：即可燃物、助燃物和火源，观察视频资料，通过小组讨论填表 7-2。

表 7-2　火灾要素表

可燃物	
助燃物	
火源	

（2）通过表 7-2，讨论如何预防火灾的发生。
① 能通过控制可燃物预防火灾的发生吗？＿＿＿＿＿＿＿＿＿＿＿＿＿＿＿＿＿＿
② 能通过控制助燃物预防火灾发生吗？＿＿＿＿＿＿＿＿＿＿＿＿＿＿＿＿＿＿＿
③ 能通过控制火源预防火灾的发生吗？＿＿＿＿＿＿＿＿＿＿＿＿＿＿＿＿＿＿＿

2. 灭火器识别

（1）灭火器的型号。
① 灭火器的种类很多，按其移动方式可分为：手提式和推车式；按驱动灭火剂的动力来源可分为：储气瓶式、储压式、化学反应式；按所充装的灭火剂划分有：泡沫灭火器、干粉灭火器、卤代烷灭火器、二氧化碳灭火器、酸碱灭火器、清水灭火器等。
② 我国灭火器的型号编制是由类、组、特征代号和主参数 4 个部分组成。类、组、特征代号用汉语拼音字母表示具有代表性的字头。主参数是灭火剂的充装量。其型号编制方法见表 7-3。

表 7-3 各种灭火器的型号编制方法

组	代号	特征	代号含义	主要参数 名称	单位
灭火器 M（灭）	水 S（水）	MS	酸碱	手提式酸碱灭火器	灭火剂充装量	L
		MSQ	清水，Q（清）	手提式清水灭火器		L
	泡沫 P（泡）	MP	手提式	手提式泡沫灭火器		L
		MPZ	舟车式，Z（舟）	舟车式泡沫灭火器		
		MPT	推车式，T（推）	推车式泡沫灭火器		
	干粉 F（粉）	MF	手提式	手提式干粉灭火器		kg
		MFB	背负式，B（背）	背负式干粉灭火器		
		MFT	推车式，T（推）	推车式干粉灭火器		
	二氧化碳 T（碳）	MT	手提式	手提式二氧化碳灭火器		kg
		MTZ	鸭嘴式，Z（嘴）	鸭嘴式二氧化碳灭火器		
		MTT	推车式，T（推）	推车式二氧化碳灭火器		
	1211 Y（1）	MY	手提式	手提式		kg
		MYT	推车式	推车式1211灭火器		

（2）观察实训室的灭火器，说明规格型号的意义。具体型号如图 7-1、7-2 所示。

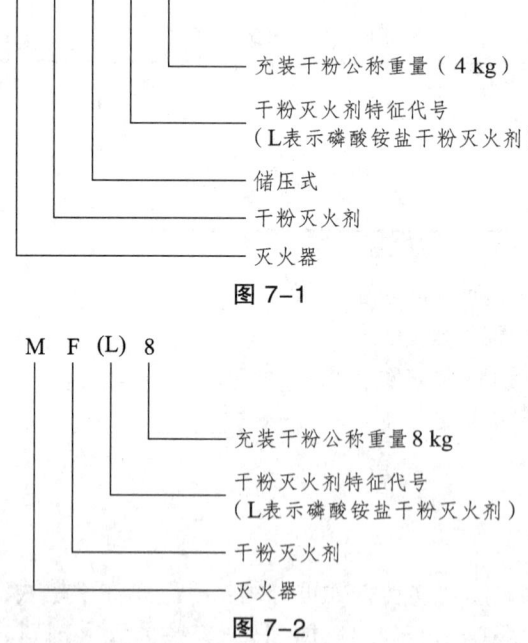

图 7-1

图 7-2

（3）灭火器的压力表识别。

① 图 7-3 所示是灭火器上安装的压力表。绿色区域是正常压力。红色区域表示过压，有可能引起爆炸。黄色区域表示气压不足，应该充气了。

图 7-3

② 观察实训室灭火器的压力表，说明灭火器的状态。

3. 灭火器使用

（1）手提式 ABC 干粉灭火器如图 7-4 所示。

使用步骤：

① 当发生火灾时边跑边将筒身上下摇动数次。
② 拔出安全销，筒体与地面垂直，手握胶管。
③ 选择上风位置接近火点，将皮管朝向火苗根部。
④ 用力压下握把，摇摆喷射，将干粉射入火焰根部。
⑤ 熄灭后以水冷却除烟。

注意：灭火时应顺风不宜逆风。

（2）推车式干粉灭火器如图 7-5 所示。

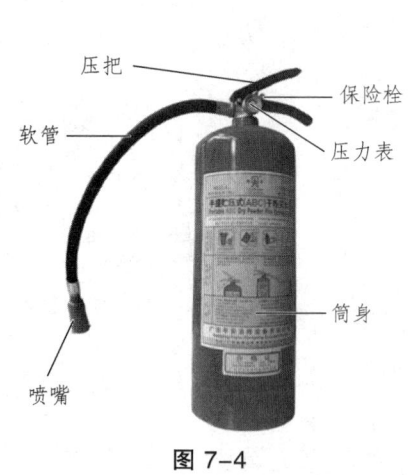

图 7-4

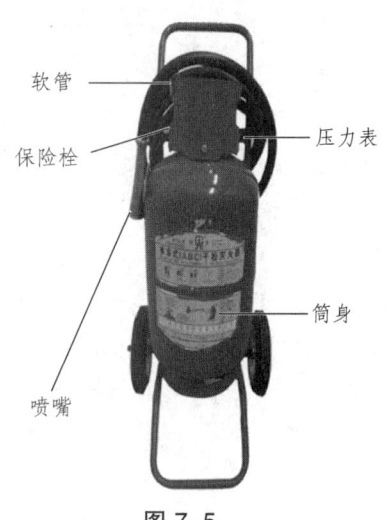

图 7-5

使用步骤：

① 当发生火灾时将灭火器推至现场。
② 拔出安全销，筒体与地面垂直，手握胶管。

③ 选择上风位置接近火点，将皮管朝向火苗根部
④ 用力压下握把，摇摆喷射，将干粉射入火焰根部。
⑤ 熄灭后以水冷却除烟。
注意：灭火时应顺风不宜逆风。

消防安全考核标准

考核内容	考核标准	分值	实际得分	备注
火灾理论知识	掌握	30		
灭火器规格型号、压力表识别	正确	20		
灭火器使用	熟练	30		
口头表达	清楚	20		
合　计				

第八章 综合实训

实训任务十六 华联超市配送

任务目标

（1）能独立制作货物的出入库凭证。
（2）熟练完成货物的出入库作业。
（3）了解送货作业的目的，掌握送货流程。
（4）掌握出库、配送的成本核算方法，思考如何进行路线优化，减少相应成本。
（5）指出配送不合理的主要表现、配送合理化的判断标准和配送合理化采用的方法。

任务描述

1. 实训背景

（1）华联超市 10 周年庆期间搞商品促销，新华贸易公司通知益达物流公司配送商品。
（2）需配送货物列表：详见 3D 系统显示。
（3）华联超市地址：华联超市人民路店。

2. 实训任务

请根据相关背景资料，模拟完成：
（1）缮制入库单。
（2）货物的入库操作。
（3）出库单缮制。
（4）货物的出库操作。
（5）分配车辆。
（6）货物配送。
（7）出发路线的线路优化。
（8）成本核算。

3. 实训团队

10 个同学组成一个团队，认真了解实训背景，每个人除了完成下面任务外，还需要完成任务题库的内容（若时间充裕，可以交换角色实训，熟悉完成这个任务中每个角色所做的事情）。请根据分配的角色登录。

团队成员列表见表8-1。

表8-1 成员列表

序号	学号（举例）	扮演角色	主要任务	备注
1	XH01	客服文员	缮制入库单	队长
		配送员	货物配送	
2	XH02	客服文员	缮制入库单	
		配送员	货物配送	
3	XH03	客服文员	缮制出库单	
		配送员	货物配送	
4	XH04	客服文员	缮制出库单	
		配送员	货物配送	
5	XH05	收货员	出库	
		发货员	发货	
6	XH06	收货员	收货	
		出库员	出库	
7	XH07	验货员	验货	
		拣选员	出库	
8	XH08	上架员	上架	
		调度员	车辆调度	
9	XH09	上架员	上架	
		配载员	车辆申请、装车	
10	XH10	仓管员	库位分配、上架审核、在库管理	
		配载员	车辆申请、装车	

知识链接

（1）超市配送的最小单位是运输包装，即用"件"来计量的包装。如箱、袋、托盘等。

（2）入库作业业务流程和涉及的岗位，如图8-1所示。

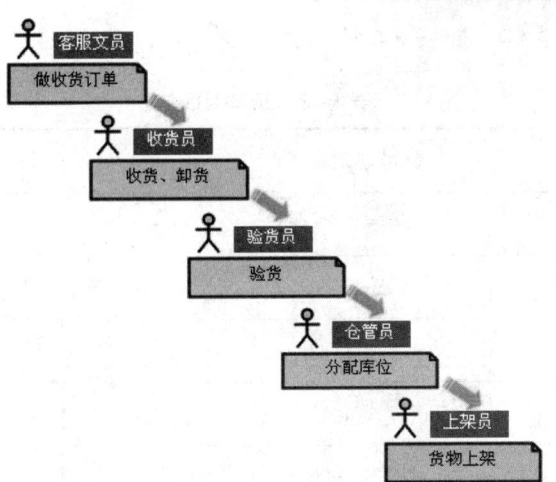

图 8-1　入库作业业务流程和涉及岗位

（3）出库作业业务流程和涉及的岗位，如图 8-2 所示。

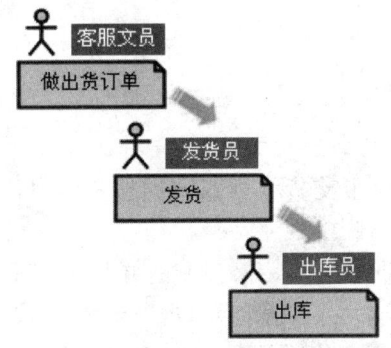

图 8-2　出库作业业务流程和涉及岗位

（4）配送配载业务流程和涉及的岗位，如图 8-3 所示。

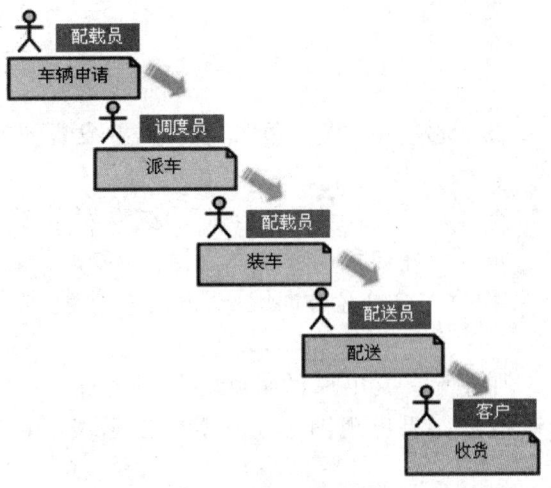

图 8-3　配送配载业务流程和涉及岗位

（5）出库配载成本明细，如表8-2所示。

表8-2 成本明细

序号	费用名称	单价/立方米
1	出库费	150
2	配送费	10
3	3米车起运价	100
4	5米车起运价	150
5	吨每公里	20

（6）所用的工具：电脑、3D仓储与配送模拟实训系统。

实训步骤

1. 做收货订单

作为发货的一份单据，包含了交货收货双方的相关信息以及货物的具体资料。
操作步骤如下：
（1）客服文员登录—"实训中心"—"发货订单"—"货物做发货订单"。
（2）划定一个时期段，选定货主，刷新后单击"新增"，填写单据号及其他表体相关内容，根据"任务"要求进行填写；下框货物的具体相关信息单击"➕"，货物名称可在下拉菜单中进行选择，选择了货物后，相应的货物代码和单位会自动生成，填好此单货物发生数量；整个表体内容填写完整后，单击"存盘"，保存所填写的信息。

2. 发 货

操作步骤如下：
（1）发货员登录—"实训中心"—"发货单"，选择需要发货的单据后，弹出货物拣选管理窗口，如图8-4所示。
（2）单击"拣选"—"修改"—点击"库存数量"，查看库存的货物（系统会将该货物的库存数量及位置显示出来，根据出库数量双击选择货物，货物的位置信息自动导入），双击选择货物。一张单中有多个货物时，按键盘方向键↓跳到下一个货物，重复同样操作选择库存货物，如图8-5所示。
（3）重复以上操作直到将所有要出库的货物位置信息全部导入，填写库门存盘后，单击"出库审核"按钮审核，如果出现图8-6所示，提示表示审核未成功，需要填写完整货物信息。

第八章 综合实训

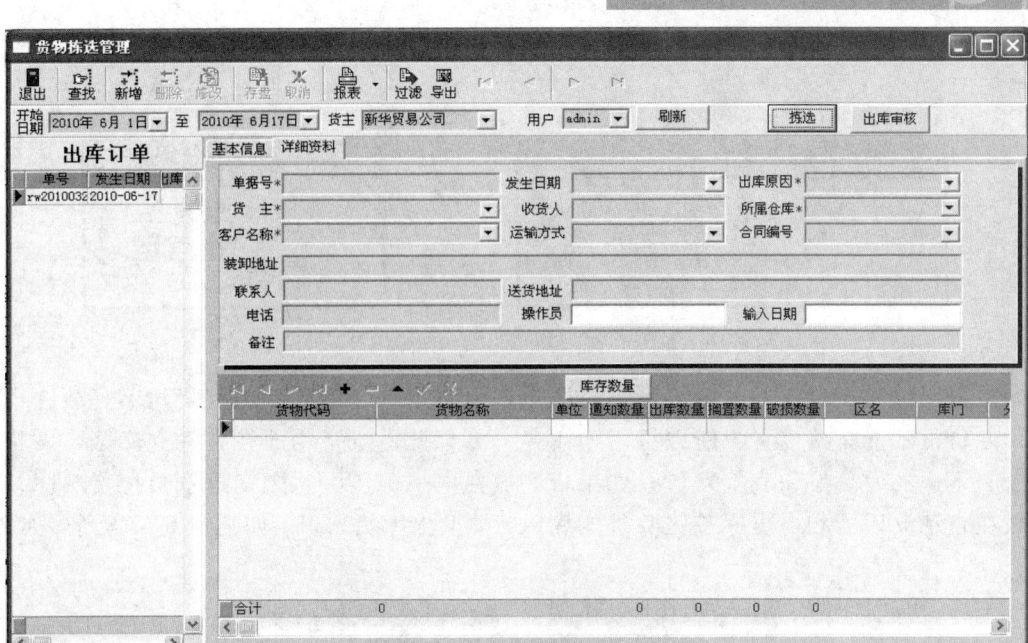

图 8-4　货物拣选管理窗口

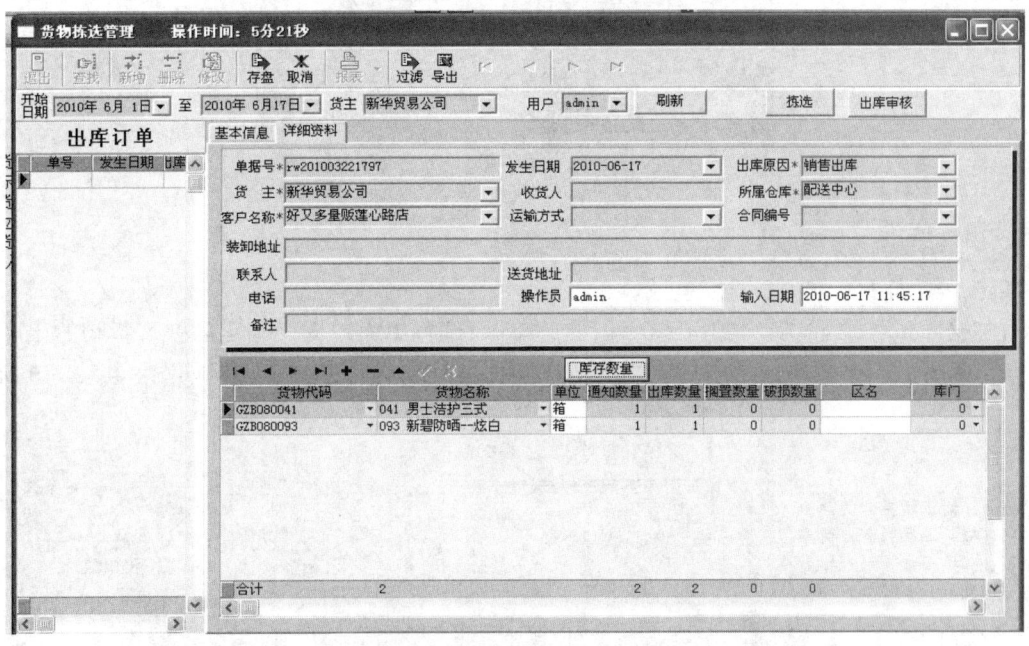

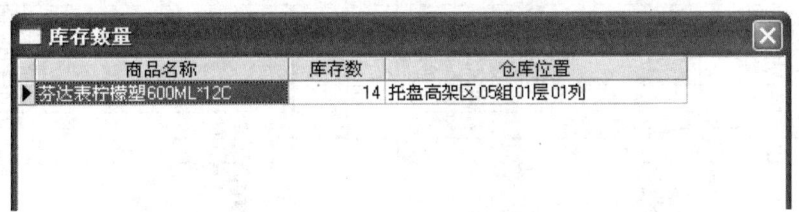

图 8-5

（4）如果库位、库门、分拣口等信息都填写完整，则提示审核通过，完成发货操作，如图 8-7 所示。

图 8-6

图 8-7

注：提示审核通过返回 3D 界面有时会出现以下提示，因为此单据货物不是放在自动立库区，发货员不能直接发货，所以提示换角色，如果此单据货物放在自动立库区，发货员可以点击右下边的发货按钮直接发货。如果货物放在电子标签区，则换拣选员拣货出库，如果货物放在自动立库区和电子标签区除外的库区，则换出库员出库，如托盘高架区等，如图 8-8 所示。

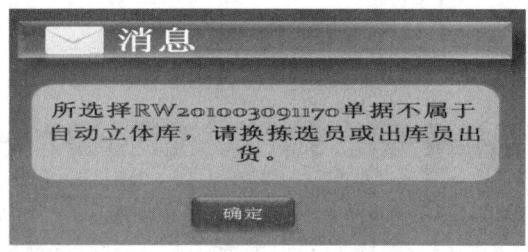

图 8-8

3. 出　库

操作步骤如下：

（1）出库员登录—"实训中心"—"出库单"，选择出库单据，确定后弹出货物的出库单及取货点，关闭出库通知单，系统提示出库所用到的工具及货物存放位置，如图 8-9、8-10 所示。

出仓通知单

供应商：新华贸易公司　　　　　　　　　　　　　　　　订单号
客户名称：华联超市人民路店　　收货地址：　　　　　　客户订单号
联系人：吴小青　　　　　　　　电话：　　　　　　　　打印日期 2010-3-11
送货地址：益达配送中心

货物代码	货物名称	单位	通知数	破损数	实发数	体积立方	重量Kg	库位	生产日期
MK8	芬达表柠檬塑600ML*12C	箱	14	0	14	0.35	111.16	托盘高架区05组01层01列	0
MK15	芬达橙塑1.5L*12A	箱	13	0	13	0.33	257.4	托盘高架区05组02层01列	0
MK26	芬达橙塑600ML*12	箱	16	0	16	0.4	127.84	托盘高架区05组03层01列	0
MK154	雪碧罐355ML*12C	箱	19	0	19	0.52	88.16	托盘高架区05组01层02列	0
MK156	雪碧罐355ML*24B	箱	12	0	12	0.33	112.8	托盘高架区05组02层02列	0
	合　计		74	0	74	1.93	697.36	—	—

备货仓管员：　　　送货人：　　　　客户签名：　　　操作人 Admin　　第1页 共1页
发货仓管员：　　　证件编号：　　　日期/时间：　　　仓库发货章：
日期/时间：　　　日期/时间：　　　盖章：
仓库发货章：　　　车牌号：

图 8-9

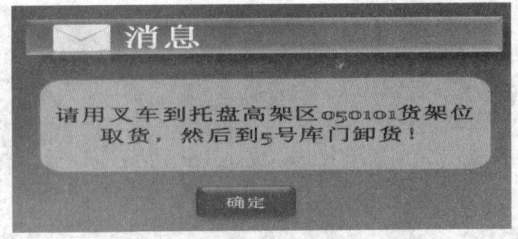

图 8-10

（2）根据提示到仓储设备存储区取叉车，并到指定的货架点击取货按钮取货，如图 8-11 所示。

图 8-11

（3）取货后到指定库门（5 号库门）点击卸货，直到系统提示，如图 8-12 所示。

图 8-12

（4）重复以上操作，直到系统提示出库完成，如图 8-13 所示。

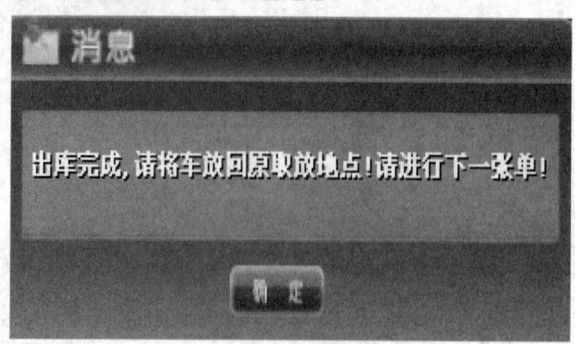

图 8-13

4. 车辆申请

操作步骤如下：

（1）配载员登录，回到工作岗位后—"实训中心"—"配送管理"，如图 8-14 所示。

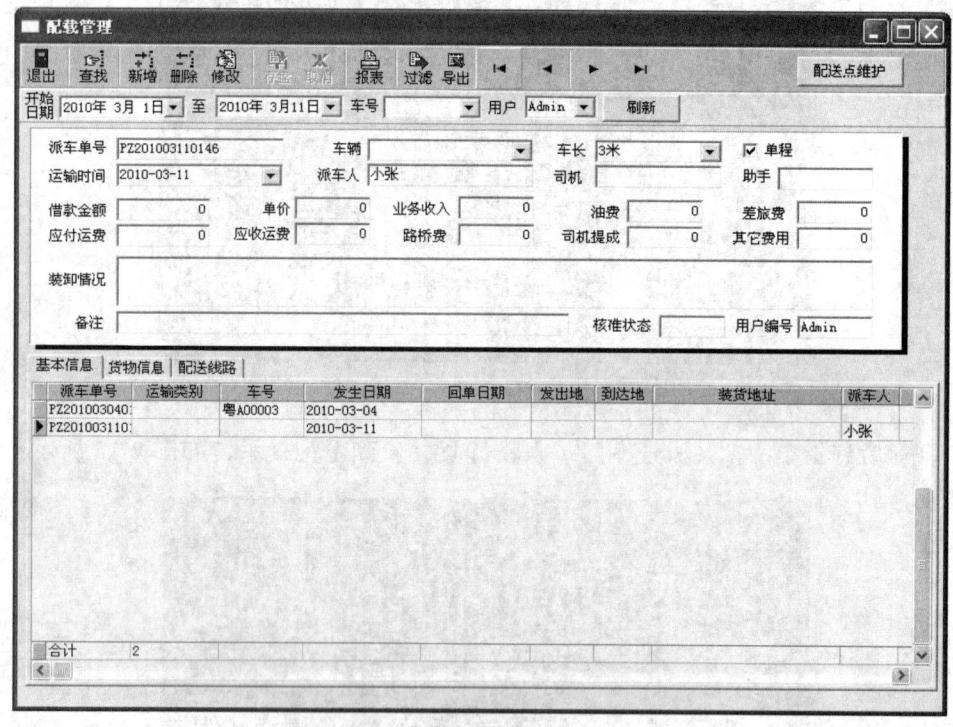

图 8-14

（2）打开此页面，点击"刷新"—再"新增"，选择车辆的"车长"，填写派车人、运输时间后"存盘"。

5. 派　车

操作步骤如下：

"配送部—调度员"登录回到工作岗位后，在实训中心打开车辆调度，弹出调度窗口，单击修改按钮，选择车长为 3 米的车辆存盘退出，申请车辆成功，如图 8-15 所示。

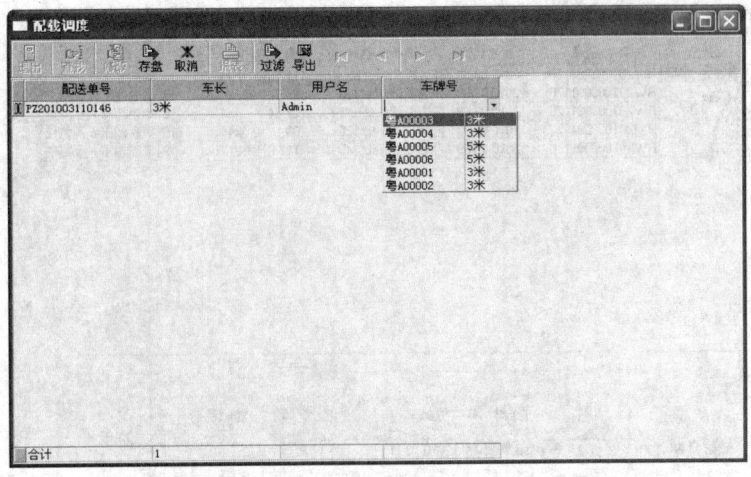

图 8-15

6. 装 车

操作步骤如下：

在配载好货物后，即可对所配货物进行装车，如图 8-16 所示。

（1）角色登录界面中切换"配送部—配载员"登录。

（2）回到工作岗位后在实训中心打开配送管理，点击刷新按钮找到刚才新增的单据，如图 8-16 所示。

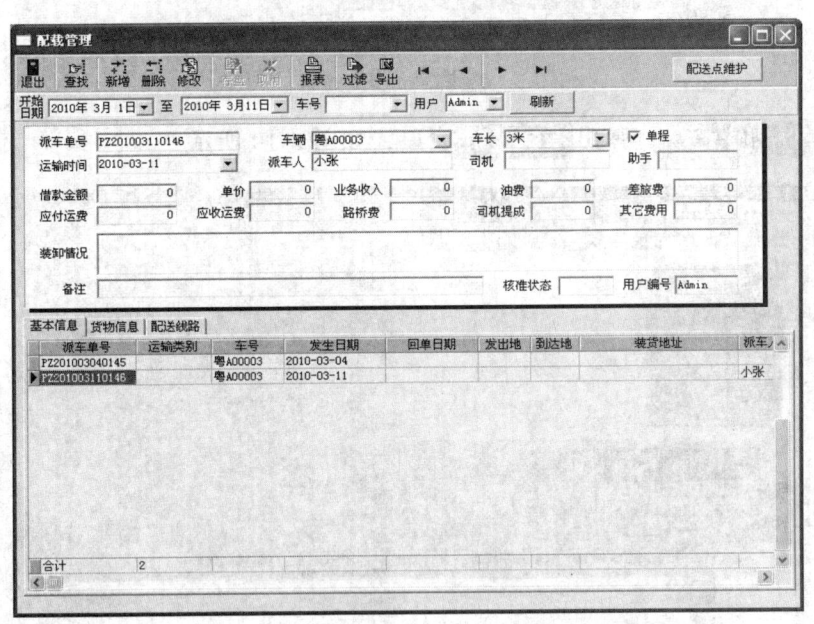

图 8-16

（3）选择"修改"—"货物信息"—"选货物"，在需要装车的货物单据号前打钩，后"确定"退出，如图 8-17 所示。

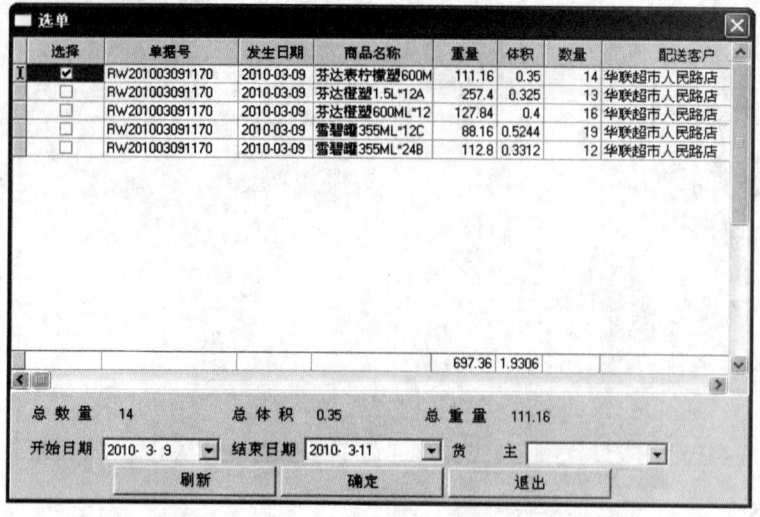

图 8-17

注意：选择开始日期和结束日期可进行时间的过滤。请尽量将一辆车装满，一起配送多个点的货物。

（4）点击 配载管理 窗口中的 货物信息 选项卡，如图 8-18 所示。

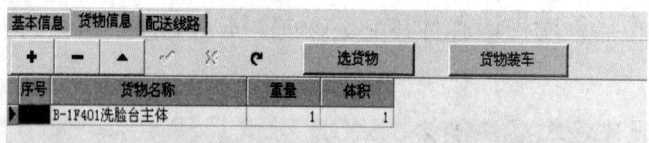

图 8-18

（5）点击 货物装车 ，弹出 车辆装箱 窗口，如图 8-19 所示。

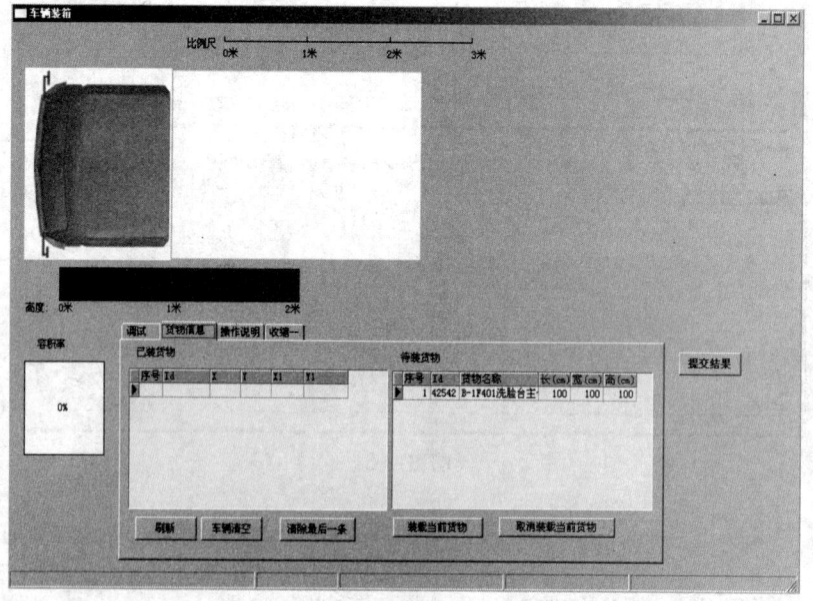

图 8-19

（6）选择货物后，点击"转载当前货物"，则相应货物变成红色，并出现一个当前货物的平面模型（见图 8-20），颜色代表货物的高度，用鼠标点中货物拖动到车厢相应的位置，按方向键可以进行位置的微调，确定无误后双击货物完成此货物装车。相关详细操作介绍，可参考对话框中"操作说明"里的具体内容。

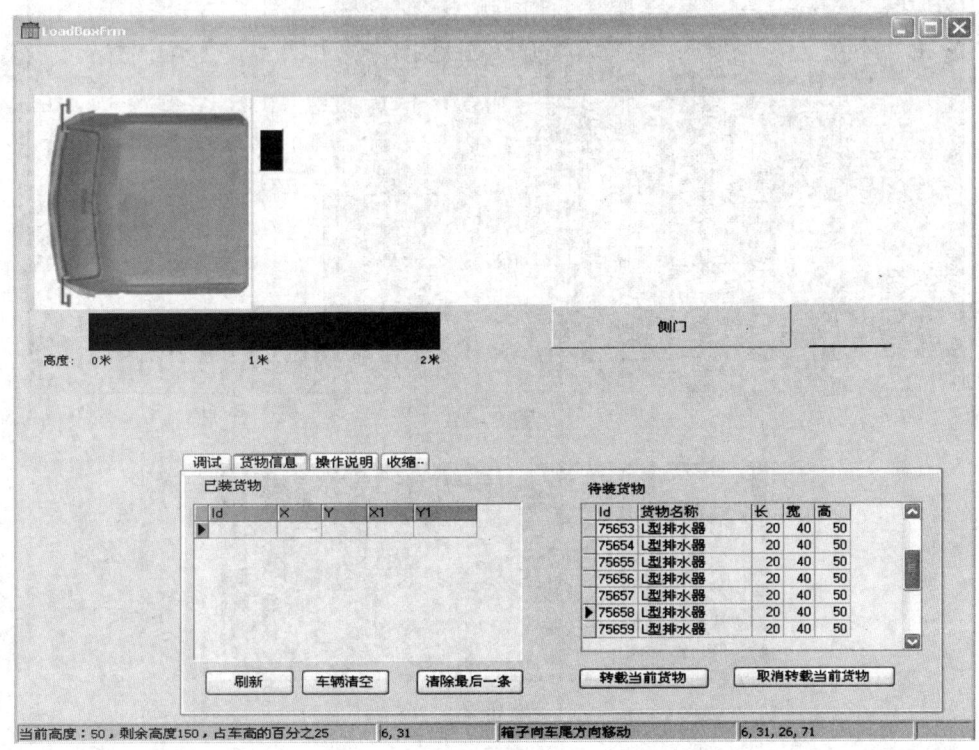

图 8-20

（7）全部货物装车完毕后点击 提交结果 按钮，弹出 ，关闭 车辆装箱 窗口。

（8）点击选择"配送线路"选项卡，如图 8-21 所示。

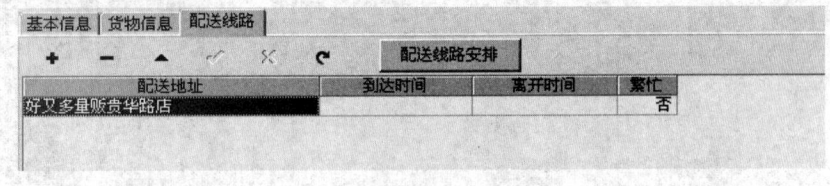

图 8-21

（9）点击" 配送线路安排 "，弹出配送线路安排地图，如图 8-22 所示。

（10）车辆首先从配送中心出发，然后双击附近黑色可以到达的节点，依此类推，直到经过所有需要配送的点，并且车辆返回配送中心算完成；做完配送路径后，可查看模拟配送结果，确定无误后请点击"提交结果"，关闭此框，按" 存盘 "退出 配载管理 窗口后系统提示，如图 8-23 所示。

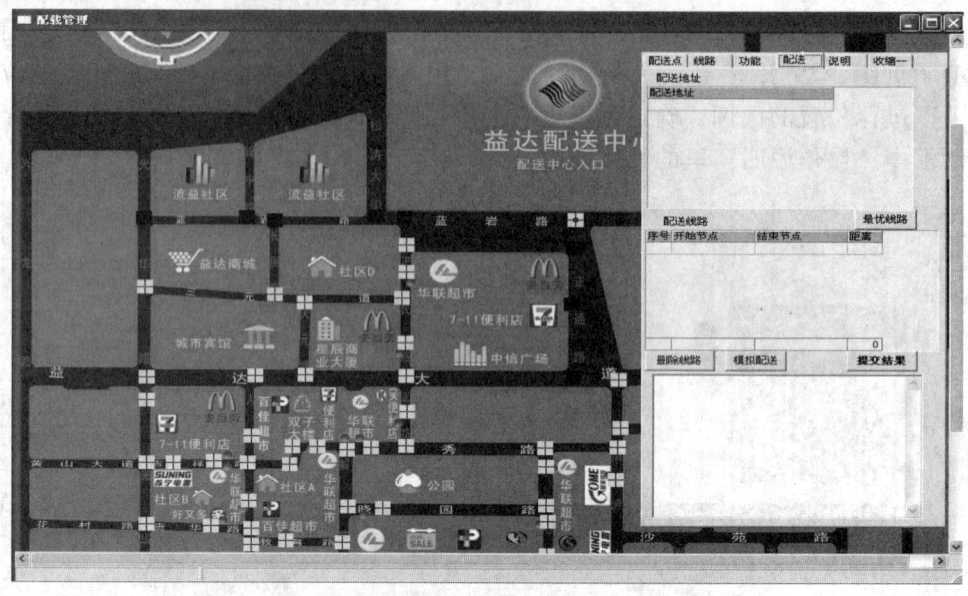

图 8-22

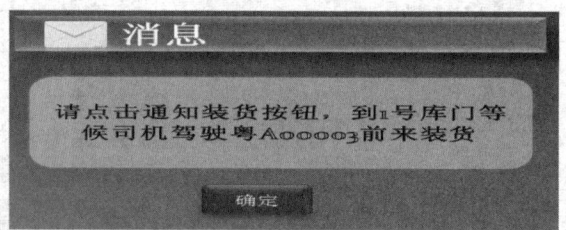

图 8-23

（11）确定关闭提示内容后，点击离开工作岗位按钮 ，再点击通知装货按钮 ，系统会自动传送到出库区库门等待车辆过来装货，如图 8-24 所示。

图 8-24

（12）系统将自动完成货物的装车。装车完毕后系统提示，如图8-25所示。

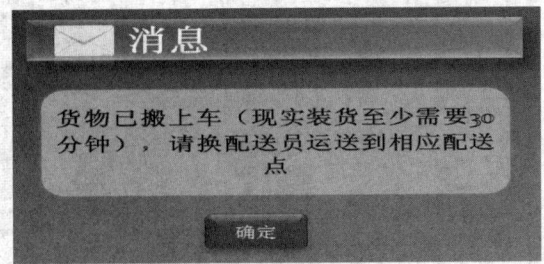

图8-25

7．配　送

操作步骤如下：

（1）配送员登录—"实训中心"—" 1 功能管理 ▷ 1 配送单 "，如图8-26所示。

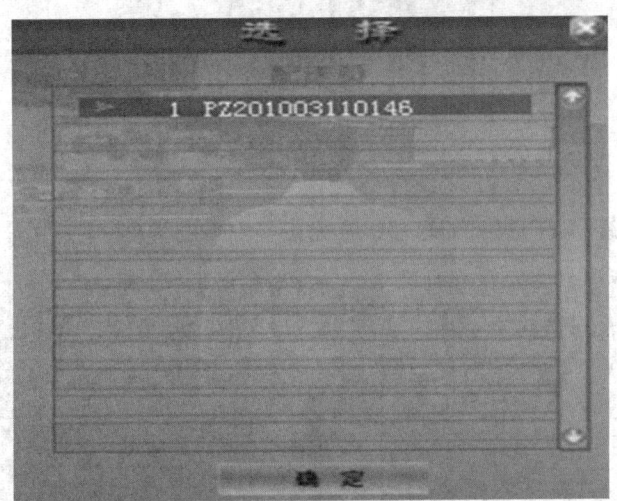

图8-26

（2）选择单据号后按"确定"，系统提示消息，如图8-27所示。

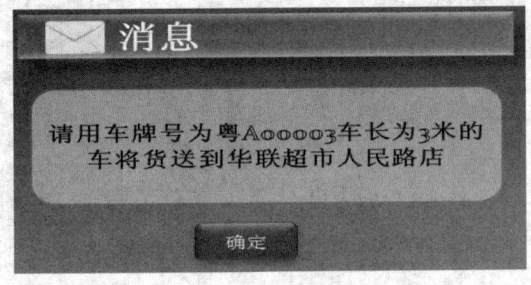

图8-27

（3）到车场找到这辆车（红色车为5 m长，灰色车为3 m长）后按"  "上车，开到出口，点击菜单中的物流帝国都市，如图8-28所示。

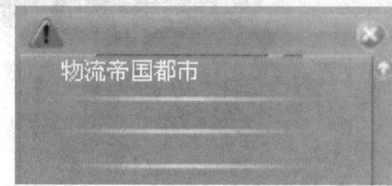

图 8-28

（4）把车开到系统提示的目的地（具体地点看地图"  "），如图 8-29 所示。

图 8-29

（5）完成送货后将车开回配送中心，流程结束。

考核标准

华联超市配送考核标准

考核内容	考核标准	分 值	实际得分	备 注
做收货订单	录入时间短	5		
做发货订单	录入时间短	5		
发货	速度快，质量好	10		
出库	速度快，质量好	10		
车辆申请	车辆安排最优	20		
派车	车辆安排最优	10		
装车	效率高	20		
配送	时间最短	20		
合 计				

实训任务十七　苏宁电器配送

任务目标

（1）能独立制作货物的出入库凭证。
（2）熟练完成货物的出入库作业。
（3）了解送货作业的目的，掌握送货流程。
（4）掌握出库、配送成本核算的方法，思考如何进行路线优化，减少相应成本。
（5）指出配送不合理的主要表现、配送合理化的判断标准和配送合理化采用的方法。

任务描述

1. 实训背景

8月23日益达物流公司客服接到广州世佳电器有限公司多张入库单和出库单，仓库保管员收到客服部门"入库单"和"出库单"后，立即组织商品入库、分拣和出库。

商品出库信息：见本任务附录"收货数据"和"发货数据"。

请将出库单中的商品分别配送至：苏宁电器清源大道店、苏宁电器吉祥路店。

货主：广州世佳电器有限公司。

出库原因：销售出库。

联系人：李××。

联系电话：020-8771×××。

合同编号：SJDQ-S1。

运输方式：送货上门。

2. 实训任务

根据相关背景资料，模拟完成：

（1）缮制出入库单。

（2）货物的入库操作。

（3）货物的出库操作。

（4）分配车辆。

（5）货物配送。

（6）出发路线的线路优化。

（7）成本核算。

（8）不同角色"任务题库"中的内容。

3. 实训团队

10个同学组成一个团队，认真了解实训背景，每个人除了完成下面任务外，还需要完成任务题库的内容（若时间充裕，可以交换角色实训，熟悉完成这个任务中每个角色所做的事情）。请根据分配的角色登录，见表8-3。

表8-3 团队成员列表

序号	学号（举例）	扮演角色	主要任务	备注
1	XH01	客服文员	缮制入库单	队长
		配送员	货物配送	
2	XH02	客服文员	缮制入库单	
		配送员	货物配送	
3	XH03	客服文员	缮制出库单	
		配送员	货物配送	
4	XH04	客服文员	缮制出库单	
		配送员	货物配送	
5	XH05	收货员	出库	
		发货员	发货	
6	XH06	收货员	收货	
		出库员	出库	

续表 8-3

序号	学号（举例）	扮演角色	主要任务	备注
7	XH07	验货员	验货	
		拣选员	出库	
8	XH08	上架员	上架	
		调度员	车辆调度	
9	XH09	上架员	上架	
		配载员	车辆申请、装车	
10	XH10	仓管员	库位分配、上架审核、在库管理	
		配载员	车辆申请、装车	

知识链接

（1）入库工作流程和涉及工作岗位：与实训任务十六相同。

（2）出库配载成本明细，见表8-4。

表 8-4 成本明细

序号	费用名称	单价/立方米
1	出库费	150
2	配送费	10
3	3米车起运价	100
4	5米车起运价	150
5	吨每公里	20

（3）所用的工具：电脑、3D仓储与配送模拟实训系统。

实训步骤

操作步骤同实训任务十六大同小异，请队长组织各团队自行完成。

附　录

（1）收货数据：如图 8-30 至图 8-39 所示。

单据号:	RW201003091219			共 1张单	第 1	张		
货主	广州世佳电器有限公司							
货物编号	货物名称	数量	单位	长	宽	高	体积	重量
14	宣传单张	12	张	1	1	1	1	1
73	宣传单页 有售价	16	张	1	1	1	1	1
60	新极限灯箱片	19	张	1	1	1	1	1
29	大信封	16	个	1	1	1	1	1
17	杯子	16	个	1	1	1	1	1
合计	5							

图 8-30

单据号:	RW201003091221			共 9张单	第 1	张		
货主	广州世佳电器有限公司							
入库原因	采购合格入库		所属仓库	配送中心				
运输方式	送货上门		装卸地址	益达配送中心				
联系人	刘美佳		电话	020-82241762				
仓储天数	50		计费方式	按重量				
货物编号	货物名称	数量	单位	长	宽	高	体积	重量
71	AV-8000 中置	13	只	1	1	1	1	1
22	启航灯箱片	15	张	1	1	1	1	1
21	电磁炉 C-15A	19	个	1	1	1	1	1
59	纸箱 AV-9000A	19	个	1	1	1	1	1
48	价目牌 POLO8000	14	个	1	1	1	1	1
合计	5							

图 8-31

单据号:	RW201003091223			共 9张单	第 2	张		
货主	广州世佳电器有限公司							
入库原因	采购合格入库		所属仓库	配送中心				
运输方式	送货上门		装卸地址	益达配送中心				
联系人	刘美佳		电话	020-82241762				
仓储天数	50		计费方式	按重量				
货物编号	货物名称	数量	单位	长	宽	高	体积	重量
74	宣传单页 无售价	12	张	1	1	1	1	1
73	宣传单页 有售价	19	张	1	1	1	1	1
68	遥控器 AV-9000功放	15	个	1	1	1	1	1
06	水晶字	13	件	1	1	1	1	1
20	工作证	12	个	1	1	1	1	1
合计	5							

图 8-32

第八章 综合实训

单据号: RW201003091225				共 9张单 第 3 张				
货主	广州世佳电器有限公司							
入库原因	采购合格入库			所属仓库	配送中心			
运输方式	送货上门			装卸地址	益达配送中心			
联系人	刘美佳			电话	020-82241762			
仓储天数	50			计费方式	按重量			
货物编号	货物名称	数量	单位	长	宽	高	体积	重量
58	遥控器 AV-9000B	15	个	1	1	1	1	1
17	杯子	16	个	1	1	1	1	1
30	D-6 主音箱	18	对	1	1	1	1	1
05	衬衣	18	件	1	1	1	1	1
31	D-8 主音箱	11	对	1	1	1	1	1
合计	5							

图 8-33

单据号: RW201003091227				共 9张单 第 4 张				
货主	广州世佳电器有限公司							
入库原因	采购合格入库			所属仓库	配送中心			
运输方式	送货上门			装卸地址	益达配送中心			
联系人	刘美佳			电话	020-82241762			
仓储天数	50			计费方式	按重量			
货物编号	货物名称	数量	单位	长	宽	高	体积	重量
01	L-9000机柜	13	件	1	1	1	1	1
63	纸箱 D-8	17	只	1	1	1	1	1
06	水晶字	20	件	1	1	1	1	1
12	加盟授权牌	16	块	1	1	1	1	1
33	国产影音器材大展证书	20	个	1	1	1	1	1
合计	5							

图 8-34

单据号: RW201003091229				共 9张单 第 5 张				
货主	广州世佳电器有限公司							
入库原因	采购合格入库			所属仓库	配送中心			
运输方式	送货上门			装卸地址	益达配送中心			
联系人	刘美佳			电话	020-82241762			
仓储天数	50			计费方式	按重量			
货物编号	货物名称	数量	单位	长	宽	高	体积	重量
70	AV-8000 环绕	13	只	1	1	1	1	1
36	CCC确认证书	17	个	0	0	0	0	1
27	统一收据	15	本	1	1	1	1	1
75	喇叭铝圈上（D-8主音箱）	16	个	1	1	1	1	1
13	D&L视听椅	19	把	1	1	1	1	1
合计	5							

图 8-35

单据号:	RW201003091231			共 9张单 第 6 张					
货主	广州世佳电器有限公司								
入库原因	采购合格入库			所属仓库	配送中心				
运输方式	送货上门			装卸地址	益达配送中心				
联系人	刘美佳			电话	020-82241762				
仓储天数	50			计费方式	按重量				
货物编号	货物名称	数量	单位	长	宽	高	体积	重量	
66	喇叭铝圈 D-8	16	个	1	1	1	1	1	
05	衬衣	16	件	1	1	1	1	1	
09	结算凭证	17	本	1	1	1	1	1	
67	说明书 AV-9000功放	18	本	1	1	1	1	1	
60	新极限灯箱片	17	张	1	1	1	1	1	
合计	5								

图 8-36

单据号:	RW201003091233			共 9张单 第 7 张					
货主	广州世佳电器有限公司								
入库原因	采购合格入库			所属仓库	配送中心				
运输方式	送货上门			装卸地址	益达配送中心				
联系人	刘美佳			电话	020-82241762				
仓储天数	50			计费方式	按重量				
货物编号	货物名称	数量	单位	长	宽	高	体积	重量	
09	结算凭证	16	本	1	1	1	1	1	
11	封箱胶	14	卷	1	1	1	1	1	
28	小信封	18	个	1	1	1	1	1	
51	价目牌晶钻II号(4960)	13	个	1	1	1	1	1	
61	D-8产品灯箱片	14	张	1	1	1	1	1	
合计	5								

图 8-37

单据号:	RW201003091235			共 9张单 第 8 张					
货主	广州世佳电器有限公司								
入库原因	采购合格入库			所属仓库	配送中心				
运输方式	送货上门			装卸地址	益达配送中心				
联系人	刘美佳			电话	020-82241762				
仓储天数	50			计费方式	按重量				
货物编号	货物名称	数量	单位	长	宽	高	体积	重量	
21	电磁炉 C-15A	11	个	1	1	1	1	1	
68	遥控器 AV-9000功放	17	个	1	1	1	1	1	
16	KT板吊牌	16	张	1	1	1	1	1	
75	喇叭铝圈上（D-8主音箱）	19	个	1	1	1	1	1	
36	CCC确认证书	19	个	0	0	0	0	1	
合计	5								

图 8-38

第八章 综合实训

单据号：RW201003091237								共 9张单 第 9 张
货主 广州世佳电器有限公司								
入库原因 采购合格入库			所属仓库 配送中心					
运输方式 送货上门			装卸地址 益达配送中心					
联系人 刘美佳			电话 020-82241762					
仓储天数 50			计费方式 按重量					
货物编号	货物名称	数量	单位	长	宽	高	体积	重量
04	AV9000A功放	12	台	1	1	1	1	1
74	宣传单页 无售价	12	张	1	1	1	1	1
21	电磁炉 C-15A	20	个	1	1	1	1	1
58	遥控器 AV-9000B	12	个	1	1	1	1	1
38	价目牌蓝钻II号	11	个	0	0	0	0	1
合计	5							

图 8-39

（2）发货数据，如图 8-40 至图 8-49 所示。

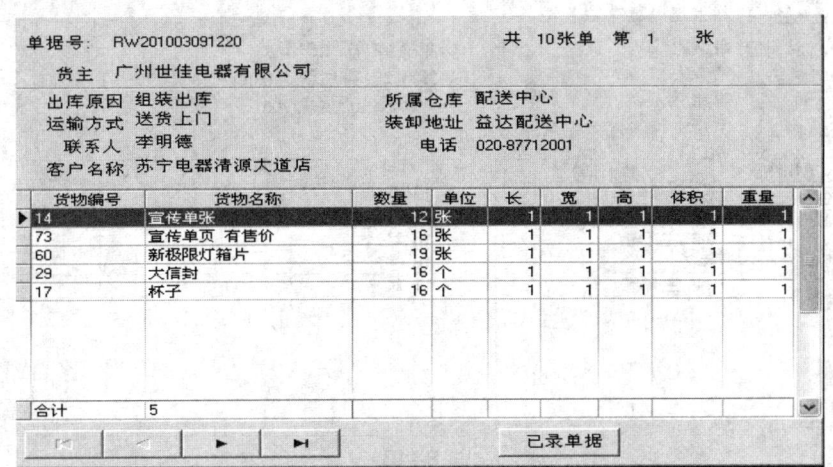

图 8-40

单据号：RW201003091222								共 9张单 第 1 张
货主 广州世佳电器有限公司								
出库原因 组装出库			所属仓库 配送中心					
运输方式 送货上门			装卸地址 益达配送中心					
联系人 李明德			电话 020-87712001					
客户名称 苏宁电器清源大道店								
货物编号	货物名称	数量	单位	长	宽	高	体积	重量
71	AV-8000 中置	13	只	1	1	1	1	1
22	启航灯箱片	15	张	1	1	1	1	1
21	电磁炉 C-15A	19	个	1	1	1	1	1
59	纸箱 AV-9000A	19	个	1	1	1	1	1
48	价目牌POLO8000	14	个	1	1	1	1	1
合计	5							

图 8-41

货物编号	货物名称	数量	单位	长	宽	高	体积	重量
74	宣传单页 无售价	12	张	1	1	1	1	1
73	宣传单页 有售价	19	张	1	1	1	1	1
68	遥控器 AV-9000功放	15	个	1	1	1	1	1
06	水晶字	13	件	1	1	1	1	1
20	工作证	12	个	1	1	1	1	1
合计	5							

单据号：RW201003091224　共 9张单 第 2 张
货主　广州世佳电器有限公司
出库原因　组装出库　　所属仓库　配送中心
运输方式　送货上门　　装卸地址　益达配送中心
联系人　李明德　　　　电话　020-87712001
客户名称　苏宁电器清源大道店

图 8-42

货物编号	货物名称	数量	单位	长	宽	高	体积	重量
58	遥控器 AV-9000B	15	个	1	1	1	1	1
17	杯子	16	个	1	1	1	1	1
30	D-6 主音箱	18	对	1	1	1	1	1
05	衬衣	18	件	1	1	1	1	1
31	D-8 主音箱	11	对	1	1	1	1	1
合计	5							

单据号：RW201003091226　共 9张单 第 3 张
货主　广州世佳电器有限公司
出库原因　组装出库　　所属仓库　配送中心
运输方式　送货上门　　装卸地址　益达配送中心
联系人　李明德　　　　电话　020-87712001
客户名称　苏宁电器清源大道店

图 8-43

货物编号	货物名称	数量	单位	长	宽	高	体积	重量
01	L-9000机柜	13	件	1	1	1	1	1
63	纸箱 D-8	17	只	1	1	1	1	1
06	水晶字	20	个	1	1	1	1	1
12	加盟授权牌	16	块	1	1	1	1	1
33	国产影音器材大展证书	20	个	1	1	1	1	1
合计	5							

单据号：RW201003091228　共 9张单 第 4 张
货主　广州世佳电器有限公司
出库原因　组装出库　　所属仓库　配送中心
运输方式　送货上门　　装卸地址　益达配送中心
联系人　李明德　　　　电话　020-87712001
客户名称　苏宁电器清源大道店

图 8-44

单据号: RW201003091230　　　　　　　　　共 9张单　第 5 张
货主　广州世佳电器有限公司
出库原因　组装出库　　　　　所属仓库　配送中心
运输方式　送货上门　　　　　装卸地址　益达配送中心
联系人　李明德　　　　　　　电话　020-87712001
客户名称　苏宁电器吉祥路店

货物编号	货物名称	数量	单位	长	宽	高	体积	重量
70	AV-8000 环绕	13	只	1	1	1	1	1
36	CCC确认证书	17	个	0	0	0	0	1
27	统一收据	15	本	1	1	1	1	1
75	喇叭铝圈上（D-8主音箱）	16	个	1	1	1	1	1
13	D&L视听椅	19	把	1	1	1	1	1
合计	5							

图 8-45

单据号: RW201003091232　　　　　　　　　共 9张单　第 6 张
货主　广州世佳电器有限公司
出库原因　组装出库　　　　　所属仓库　配送中心
运输方式　送货上门　　　　　装卸地址　益达配送中心
联系人　李明德　　　　　　　电话　020-87712001
客户名称　苏宁电器吉祥路店

货物编号	货物名称	数量	单位	长	宽	高	体积	重量
66	喇叭铝圈 D-8	16	个	1	1	1	1	1
05	衬衣	16	件	1	1	1	1	1
09	结算凭证	17	本	1	1	1	1	1
67	说明书 AV-9000功放	18	本	1	1	1	1	1
60	新极限灯箱片	17	张	1	1	1	1	1
合计	5							

图 8-46

单据号: RW201003091234　　　　　　　　　共 9张单　第 7 张
货主　广州世佳电器有限公司
出库原因　组装出库　　　　　所属仓库　配送中心
运输方式　送货上门　　　　　装卸地址　益达配送中心
联系人　李明德　　　　　　　电话　020-87712001
客户名称　苏宁电器吉祥路店

货物编号	货物名称	数量	单位	长	宽	高	体积	重量
09	结算凭证	16	本	1	1	1	1	1
11	封箱胶	14	卷	1	1	1	1	1
28	小信封	18	个	1	1	1	1	1
51	价目牌晶钻II号(4960)	13	个	1	1	1	1	1
61	D-8产品灯箱片	14	张	1	1	1	1	1
合计	5							

图 8-47

图 8-48

货物编号	货物名称	数量	单位	长	宽	高	体积	重量
21	电磁炉 C-15A	11	个	1	1	1	1	1
68	遥控器 AV-9000功放	17	个	1	1	1	1	1
16	KT板吊牌	16	张	1	1	1	1	1
75	喇叭铝圈上（D-8主音箱）	19	个	1	1	1	1	1
36	CCC确认证书	19	个	0	0	0	0	1
合计	5							

单据号：RW201003091236　共 9张单 第 8 张
货主　广州世佳电器有限公司
出库原因　组装出库　所属仓库　配送中心
运输方式　送货上门　装卸地址　益达配送中心
联系人　李明德　电话　020-87712001
客户名称　苏宁电器吉祥路店

图 8-49

单据号：RW201003091238　共 9张单 第 9 张
货主　广州世佳电器有限公司
出库原因　组装出库　所属仓库　配送中心
运输方式　送货上门　装卸地址　益达配送中心
联系人　李明德　电话　020-87712001
客户名称　苏宁电器吉祥路店

货物编号	货物名称	数量	单位	长	宽	高	体积	重量
04	AV9000A功放	12	台	1	1	1	1	1
74	宣传单页 无售价	12	张	1	1	1	1	1
21	电磁炉 C-15A	20	个	1	1	1	1	1
58	遥控器 AV-9000B	12	个	1	1	1	1	1
38	价目牌蓝钻II号	11	个	0	0	0	0	1
合计	5							

考核标准

苏宁电器配送考核标准

考核内容	考核标准	分值	实际得分	备注
做收货订单	录入时间短	5		
做发货订单	录入时间短	5		
发货	速度快，质量好	10		
出库	速度快，质量好	10		
车辆申请	车辆安排最优	20		
派车	车辆安排最优	10		
装车	效率高	20		
配送	时间最短	20		
合　计				

第八章 综合实训

实训任务十八　便利店配送

任务目标

（1）能独立制作货物的出入库凭证。
（2）熟练完成货物的出入库作业。
（3）了解送货作业的目的，掌握送货流程。
（4）掌握出库、配送成本核算的方法，思考如何进行路线优化，减少相应成本。
（5）指出配送不合理的主要表现、配送合理化的判断标准和配送合理化采用的方法。

任务描述

1. 实训背景

8月24日益达物流公司接到多张紧急出入货单，由于货物较少，决定拼车配送。
（1）收货数据见本任务附录（1）"收货数据"。
（2）7-11便利店越秀路店所需商品清单详见本任务附录（2）"发货数据"。
货主：广西南方食品公司。
（3）7-11便利店正通路店所需商品清单详见本任务附录（2）"发货数据"。
货主：广西南方食品公司。
（4）7-11便利店解放路店所需商品清单详见本任务附录（2）"发货数据"。
货主：广西南方食品公司。

2. 实训任务

根据相关背景资料，模拟完成：
（1）缮制出入库单。
（2）货物的入库操作。
（3）货物的出库操作。
（4）分配车辆。
（5）货物配送。
（6）出发路线的线路优化。
（7）成本核算。
（8）完成不同角色"任务题库"中的内容。

3. 实训团队

10个同学组成一个团队，认真了解实训背景，每个人除了完成下面任务外，还需要完成任务题库的内容（若时间充裕，可以交换角色实训，熟悉完成这个任务中每个角色所做的事情）。请根据分配的角色登录，见表8-5。

表8-5 团队成员列表

序号	学号（举例）	扮演角色	主要任务	备注
1	XH01	客服文员	缮制入库单	队长
		配送员	货物配送	
2	XH02	客服文员	缮制入库单	
		配送员	货物配送	
3	XH03	客服文员	缮制出库单	
		配送员	货物配送	
4	XH04	客服文员	缮制出库单	
		配送员	货物配送	
5	XH05	收货员	出库	
		发货员	发货	
6	XH06	收货员	收货	
		出库员	出库	
7	XH07	验货员	验货	
		拣选员	出库	
8	XH08	上架员	上架	
		调度员	车辆调度	
9	XH09	上架员	上架	
		配载员	车辆申请、装车	
10	XH10	仓管员	库位分配、上架审核、在库管理	
		配载员	车辆申请、装车	

知识链接

（1）入库工作流程和涉及工作岗位：与实训任务十六相同。

（2）出库、配载成本明细，见表8-6。

表8-6 成本明细

序号	费用名称	单价/立方米
1	出库费	150
2	配送费	10
3	3米车起运价	100
4	5米车起运价	150
5	吨每公里	20

第八章 综合实训

（3）所用的工具：电脑、3D 仓储与配送模拟实训系统。

实训步骤

操作步骤同实训任务十六大同小异，请队长组织各团队自行完成。

附　录

（1）收货数据：如图 8-50 至图 8-59 所示。

单据号： RW201003091239				共 10张单 第 1 张				
货主　广西南方食品								
入库原因　采购合格入库			所属仓库　配送中心					
运输方式　送货上门			装卸地址　益达配送中心					
联系人　张子平			电话　020-83367725					
仓储天类　20			计费方〔　按体积					
货物编号	货物名称	数量	单位	长	宽	高	体积	重量
014	南方早餐豆奶480克(30克*16	20	箱	0	0	0	0	1
017	南方黑芝麻糊(促销装)560克	19	箱	0	0	0	0	1
024	800克南方黑芝麻糊(中老年}	11	箱	0	0	0	0	1
005	南方黑芝麻糊(精装)480克(40	12	箱	0	0	0	0	1
013	南方纯豆粉400克(25克*16)1	17	箱	0	0	0	0	1
合计	5							

图 8-50

单据号： RW201003091241				共 10张单 第 2 张				
货主　广西南方食品								
入库原因　采购合格入库			所属仓库　配送中心					
运输方式　送货上门			装卸地址　益达配送中心					
联系人　张子平			电话　020-83367725					
仓储天类　20			计费方〔　按体积					
货物编号	货物名称	数量	单位	长	宽	高	体积	重量
017	南方黑芝麻糊(促销装)560克	14	箱	0	0	0	0	1
009	南方黑芝麻糊(精装)240克(40	16	箱	0	0	0	0	1
003	原味龟苓膏250克(1*24)	18	箱	0	0	0	0	1
012	南方黄豆奶480克(30克*16)1	15	箱	0	0	0	0	1
014	南方早餐豆奶480克(30克*16	18	箱	0	0	0	0	1
合计	5							

图 8-51

单据号:	RW201003091243			共 10张单	第 3	张	
货主	广西南方食品						
入库原因	采购合格入库		所属仓库	配送中心			
运输方式	送货上门		装卸地址	益达配送中心			
联系人	张子平		电话	020-83367725			
仓储天数	20		计费方式	按体积			
货物编号	货物名称	数量	单位	长	宽	高	体积	重量
---	---	---	---	---	---	---	---	---
024	800克南方黑芝麻糊(中老年3	20	箱	0	0	0	0	1
020	南方黑芝麻糊360克(40克*9)	20	箱	0	0	0	0	1
006	南方黑芝麻糊(AD钙)480克(4	14	箱	0	0	0	0	1
001	龟苓膏170克*24罐	18	箱	0	0	0	0	1
025	南方黑芝麻糊(普通型)60	20	箱	0	0	0	0	1
合计	5							

图 8-52

单据号:	RW201003091245			共 10张单	第 4	张	
货主	广西南方食品						
入库原因	采购合格入库		所属仓库	配送中心			
运输方式	送货上门		装卸地址	益达配送中心			
联系人	张子平		电话	020-83367725			
仓储天数	20		计费方式	按体积			
货物编号	货物名称	数量	单位	长	宽	高	体积	重量
---	---	---	---	---	---	---	---	---
017	南方黑芝麻糊(促销装)560克	13	箱	0	0	0	0	1
008	南方黑芝麻糊320克(40克*8)	15	箱	0	0	0	0	1
012	南方黄豆奶480克(30克*16)1	19	箱	0	0	0	0	1
018	南方黑芝麻糊(无糖)600克(40	20	箱	0	0	0	0	1
023	720克南方黑芝麻糊(中老年3	11	箱	0	0	0	0	1
合计	5							

图 8-53

单据号:	RW201003091247			共 10张单	第 5	张	
货主	广西南方食品						
入库原因	采购合格入库		所属仓库	配送中心			
运输方式	送货上门		装卸地址	益达配送中心			
联系人	张子平		电话	020-83367725			
仓储天数	20		计费方式	按体积			
货物编号	货物名称	数量	单位	长	宽	高	体积	重量
---	---	---	---	---	---	---	---	---
002	龟苓膏(挂圆型)170克*24罐	11	箱	0	0	0	0	1
022	720克南方黑芝麻糊(高钙礼1	17	箱	0	0	0	0	1
003	原味龟苓膏250克(1*24)	12	箱	0	0	0	0	1
005	南方黑芝麻糊(精装)480克(40	13	箱	0	0	0	0	1
001	龟苓膏170克*24罐	19	箱	0	0	0	0	1
合计	5							

图 8-54

单据号: RW201003091249　　　　　　共 10张单 第 6 张
货主　广西南方食品
入库原因　采购合格入库　　所属仓库　配送中心
运输方式　送货上门　　　　装卸地址　益达配送中心
联系人　张子平　　　　　　电话　020-83367725
仓储天数　20　　　　　　　计费方式　按体积

货物编号	货物名称	数量	单位	长	宽	高	体积	重量
022	720克南方黑芝麻糊(高钙礼1	15	箱	0	0	0	0	1
010	早餐黑芝麻糊480克(40克*12	18	箱	0	0	0	0	1
002	龟苓膏(桂圆型)170克*24罐	20	箱	0	0	0	0	1
020	南方黑芝麻糊360克(40克*9)	13	箱	0	0	0	0	1
021	360克南方黑芝麻糊(促销装)	19	箱	0	0	0	0	1
合计	5							

图 8-55

单据号: RW201003091251　　　　　　共 10张单 第 7 张
货主　广西南方食品
入库原因　采购合格入库　　所属仓库　配送中心
运输方式　送货上门　　　　装卸地址　益达配送中心
联系人　张子平　　　　　　电话　020-83367725
仓储天数　20　　　　　　　计费方式　按体积

货物编号	货物名称	数量	单位	长	宽	高	体积	重量
013	南方纯豆粉400克(25克*16)1	11	箱	0	0	0	0	1
016	南方无糖黑豆奶480克(30克	12	箱	0	0	0	0	1
018	南方黑芝麻糊(无糖)600克(40	16	箱	0	0	0	0	1
024	800克南方黑芝麻糊(中老年	12	箱	0	0	0	0	1
023	720克南方黑芝麻糊(中老	20	箱	0	0	0	0	1
合计	5							

图 8-56

单据号: RW201003091253　　　　　　共 10张单 第 8 张
货主　广西南方食品
入库原因　采购合格入库　　所属仓库　配送中心
运输方式　送货上门　　　　装卸地址　益达配送中心
联系人　张子平　　　　　　电话　020-83367725
仓储天数　20　　　　　　　计费方式　按体积

货物编号	货物名称	数量	单位	长	宽	高	体积	重量
010	早餐黑芝麻糊480克(40克*12	12	箱	0	0	0	0	1
007	南方黑芝麻糊(低糖)600克(40	12	箱	0	0	0	0	1
004	桂圆龟苓膏250克*24罐	12	箱	0	0	0	0	1
017	南方黑芝麻糊(促销装)560克	19	箱	0	0	0	0	1
011	南方黑豆奶480克(30克*16)1	17	箱	0	0	0	0	1
合计	5							

图 8-57

单据号: RW201003091255　　　　　　　　共 10张单 第 9 张
货主　广西南方食品
入库原因　采购合格入库　　　所属仓库　配送中心
运输方式　送货上门　　　　　装卸地址　益达配送中心
联系人　张子平　　　　　　　电话　020-83367725
仓储天数　20　　　　　　　　计费方式　按体积

货物编号	货物名称	数量	单位	长	宽	高	体积	重量
005	南方黑芝麻糊(精装)480克(40	12	箱	0	0	0	0	1
008	南方黑芝麻糊320克(40克*8)	17	箱	0	0	0	0	1
025	南方黑芝麻糊(普通型)60	11	箱	0	0	0	0	1
009	南方黑芝麻糊(精装)240克(40	20	箱	0	0	0	0	1
015	南方高钙豆奶480克(30克*16	15	箱	0	0	0	0	1

合计　5

图 8-58

单据号: RW201003091257　　　　　　　　共 10张单 第 10 张
货主　广西南方食品
入库原因　采购合格入库　　　所属仓库　配送中心
运输方式　送货上门　　　　　装卸地址　益达配送中心
联系人　张子平　　　　　　　电话　020-83367725
仓储天数　20　　　　　　　　计费方式　按体积

货物编号	货物名称	数量	单位	长	宽	高	体积	重量
021	360克南方黑芝麻糊(促销装)	14	箱	0	0	0	0	1
010	早餐黑芝麻糊480克(40克*12	12	箱	0	0	0	0	1
006	南方黑芝麻糊(AD钙)480克(4	19	箱	0	0	0	0	1
001	龟苓膏170克*24罐	16	箱	0	0	0	0	1
014	南方早餐豆奶480克(30克*16	14	箱	0	0	0	0	1

合计　5

图 8-59

（2）发货数据：如图 8-60 至图 8-69 所示。

单据号: RW201003091240　　　　　　　　共 10张单 第 1 张
货主　广西南方食品
出库原因　销售出库　　　　所属仓库　配送中心
运输方式　送货上门　　　　装卸地址　益达配送中心
联系人　　　　　　　　　　电话
客户名称　7-11便利店越秀路店

货物编号	货物名称	数量	单位	长	宽	高	体积	重量
014	南方早餐豆奶480克(30克*16	20	箱	0	0	0	0	1
017	南方黑芝麻糊(促销装)560克	19	箱	0	0	0	0	1
024	800克南方黑芝麻糊(中老年	11	箱	0	0	0	0	1
005	南方黑芝麻糊(精装)480克(40	12	箱	0	0	0	0	1
013	南方纯豆粉400克(25克*16)1	17	箱	0	0	0	0	1

合计　5

图 8-60

第八章 综合实训

单据号: RW201003091242			共 10张单 第 2 张					
货主 广西南方食品								
出库原因 销售出库			所属仓库 配送中心					
运输方式 送货上门			装卸地址 益达配送中心					
联系人			电话					
客户名称 7-11便利店越秀路店								
货物编号	货物名称	数量	单位	长	宽	高	体积	重量
017	南方黑芝麻糊(促销装)560克	14	箱	0	0	0	0	1
009	南方黑芝麻糊(精装)240克(40	16	箱	0	0	0	0	1
003	原味龟苓膏250克(1*24)	18	箱	0	0	0	0	1
012	南方黄豆奶480克(30克*16)1	15	箱	0	0	0	0	1
014	南方早餐豆奶480克(30克*16	18	箱	0	0	0	0	1
合计	5							

图 8-61

单据号: RW201003091244			共 10张单 第 3 张					
货主 广西南方食品								
出库原因 销售出库			所属仓库 配送中心					
运输方式 送货上门			装卸地址 益达配送中心					
联系人			电话					
客户名称 7-11便利店解放路店								
货物编号	货物名称	数量	单位	长	宽	高	体积	重量
024	800克南方黑芝麻糊(中老年z	20	箱	0	0	0	0	1
020	南方黑芝麻糊360克(40克*9)	20	箱	0	0	0	0	1
006	南方黑芝麻糊(AD钙)480克(4	14	箱	0	0	0	0	1
001	龟苓膏170克*24罐	18	箱	0	0	0	0	1
025	南方黑芝麻糊（普通型）60	20	箱	0	0	0	0	1
合计	5							

图 8-62

单据号: RW201003091246			共 10张单 第 4 张					
货主 广西南方食品								
出库原因 销售出库			所属仓库 配送中心					
运输方式 送货上门			装卸地址 益达配送中心					
联系人			电话					
客户名称 7-11便利店解放路店								
货物编号	货物名称	数量	单位	长	宽	高	体积	重量
017	南方黑芝麻糊(促销装)560克	13	箱	0	0	0	0	1
008	南方黑芝麻糊320克(40克*8)	15	箱	0	0	0	0	1
012	南方黄豆奶480克(30克*16)1	19	箱	0	0	0	0	1
018	南方黑芝麻糊(无糖)600克(40	20	箱	0	0	0	0	1
023	720克南方黑芝麻糊(中老年z	11	箱	0	0	0	0	1
合计	5							

图 8-63

单据号:	RW201003091248			共 10张单 第 5 张				
货主	广西南方食品							
出库原因	销售出库			所属仓库 配送中心				
运输方式	送货上门			装卸地址 益达配送中心				
联系人				电话				
客户名称	7-11便利店越秀路店							

货物编号	货物名称	数量	单位	长	宽	高	体积	重量
002	龟苓膏(挂圆型)170克*24罐	11	箱	0	0	0	0	1
022	720克南方黑芝麻糊(高钙礼1	17	箱	0	0	0	0	1
003	原味龟苓膏250克(1*24)	12	箱	0	0	0	0	1
005	南方黑芝麻糊(精装)480克(40	13	箱	0	0	0	0	1
001	龟苓膏170克*24罐	19	箱	0	0	0	0	1
合计	5							

图 8-64

单据号:	RW201003091250			共 10张单 第 6 张				
货主	广西南方食品							
出库原因	销售出库			所属仓库 配送中心				
运输方式	送货上门			装卸地址 益达配送中心				
联系人				电话				
客户名称	7-11便利店正通路店							

货物编号	货物名称	数量	单位	长	宽	高	体积	重量
022	720克南方黑芝麻糊(高钙礼1	15	箱	0	0	0	0	1
010	早餐黑芝麻糊480克(40克*12	18	箱	0	0	0	0	1
002	龟苓膏(挂圆型)170克*24罐	20	箱	0	0	0	0	1
020	南方黑芝麻糊360克(40克*9)(	13	箱	0	0	0	0	1
021	360克南方黑芝麻糊(促销装)	19	箱	0	0	0	0	1
合计	5							

图 8-65

单据号:	RW201003091252			共 10张单 第 7 张				
货主	广西南方食品							
出库原因	销售出库			所属仓库 配送中心				
运输方式	送货上门			装卸地址 益达配送中心				
联系人				电话				
客户名称	7-11便利店正通路店							

货物编号	货物名称	数量	单位	长	宽	高	体积	重量
013	南方纯豆粉400克(25克*16)1	11	箱	0	0	0	0	1
016	南方无糖黑豆奶480克(30克*	12	箱	0	0	0	0	1
018	南方黑芝麻糊(无糖)600克(40	16	箱	0	0	0	0	1
024	800克南方黑芝麻糊(中老年	12	箱	0	0	0	0	1
023	720克南方黑芝麻糊(中老年	20	箱	0	0	0	0	1
合计	5							

图 8-66

第八章 综合实训

单据号: RW201003091254　　　　共 10张单 第 8 张
货主　广西南方食品
出库原因　销售出库　　　　所属仓库　配送中心
运输方式　送货上门　　　　装卸地址　益达配送中心
联系人　　　　　　　　　　电话
客户名称　7-11便利店正通路店

货物编号	货物名称	数量	单位	长	宽	高	体积	重量
010	早餐黑芝麻糊480克(40克*12	12	箱	0	0	0	0	1
007	南方黑芝麻糊(低糖)600克(40	12	箱	0	0	0	0	1
004	桂圆龟苓膏250克*24罐	12	箱	0	0	0	0	1
017	南方黑芝麻糊(促销装)560克	19	箱	0	0	0	0	1
011	南方黑豆奶480克(30克*16)1	17	箱	0	0	0	0	1
合计	5							

图 8-67

单据号: RW201003091256　　　　共 10张单 第 9 张
货主　广西南方食品
出库原因　销售出库　　　　所属仓库　配送中心
运输方式　送货上门　　　　装卸地址　益达配送中心
联系人　　　　　　　　　　电话
客户名称　7-11便利店正通路店

货物编号	货物名称	数量	单位	长	宽	高	体积	重量
005	南方黑芝麻糊(精装)480克(40	12	箱	0	0	0	0	1
008	南方黑芝麻糊320克(40克*8)	17	箱	0	0	0	0	1
025	南方黑芝麻糊（普通型）60	11	箱	0	0	0	0	1
009	南方黑芝麻糊(精装)240克(40	20	箱	0	0	0	0	1
015	南方高钙豆奶480克(30克*16	15	箱	0	0	0	0	1
合计	5							

图 8-68

单据号: RW201003091258　　　　共 10张单 第 10 张
货主　广西南方食品
出库原因　销售出库　　　　所属仓库　配送中心
运输方式　送货上门　　　　装卸地址　益达配送中心
联系人　　　　　　　　　　电话
客户名称　7-11便利店正通路店

货物编号	货物名称	数量	单位	长	宽	高	体积	重量
021	360克南方黑芝麻糊(促销装)	14	箱	0	0	0	0	1
010	早餐黑芝麻糊480克(40克*12	12	箱	0	0	0	0	1
006	南方黑芝麻糊(AD钙)480克(4	19	箱	0	0	0	0	1
001	龟苓膏170克*24罐	16	箱	0	0	0	0	1
014	南方早餐豆奶480克(30克*16	14	箱	0	0	0	0	1
合计	5							

图 8-69

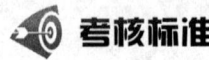 考核标准

便利店配送考核标准

考核内容	考核标准	分值	实际得分	备注
做收货订单	录入时间短	5		
做发货订单	录入时间短	5		
发货	速度快，质量好	10		
出库	速度快，质量好	10		
车辆申请	车辆安排最优	20		
派车	车辆安排最优	10		
装车	效率高	20		
配送	时间最短	20		
合　计				

第九章 自动立体化仓库

实训任务十九 自动立体化仓库入库实训

任务目标

（1）能独立制作商品的入库凭证。
（2）熟练完成货物的收货、验货、入库作业。
（3）掌握自动入库的注意事项及方法。
（4）了解这批货物放入自动立库区的原因。
（5）掌握入库成本核算的方法，根据入库费用核算单进行总结，减少入库成本。

任务描述

1. 实训背景

（1）广西南方食品公司有一批商品因销售需要，要放入立体仓库中，暂存7天。
（2）货物信息列表：详见本任务**附录**"实训收货数据"。
（3）送货联系人信息：

联系人：刘女士；

电话：020-8784××××；

货物计费方式：元/立方米。

2. 实训任务

请根据相关背景资料，模拟完成：
（1）入库单缮制。
（2）库位的合理分配。
（3）货物的入库、验收、退货操作。
（4）入库的成本核算。
（5）完成不同角色"任务题库"中的内容。

3. 实训团队

5个同学组成一个团队，认真了解实训背景，每个人除了完成下面任务外，还需要完成任务题库的内容（若时间充裕，可以交换角色实训，熟悉完成这个任务中每个角色所做的事情）。请根据分配的角色登录，见表 9-1。

表 9-1 团队成员列表

序号	学号（举例）	扮演角色	主要任务	备注
1	XH01	客服文员	缮制入库单	队长
2	XH02	收货员	收货、卸货	
3	XH03	验货员	验货	
4	XH04	仓管员	库位分配、上架审核	
5	XH05	上架员	货物上架	

知识链接

（1）入库作业业务流程和涉及的岗位，如图 9-1 所示。

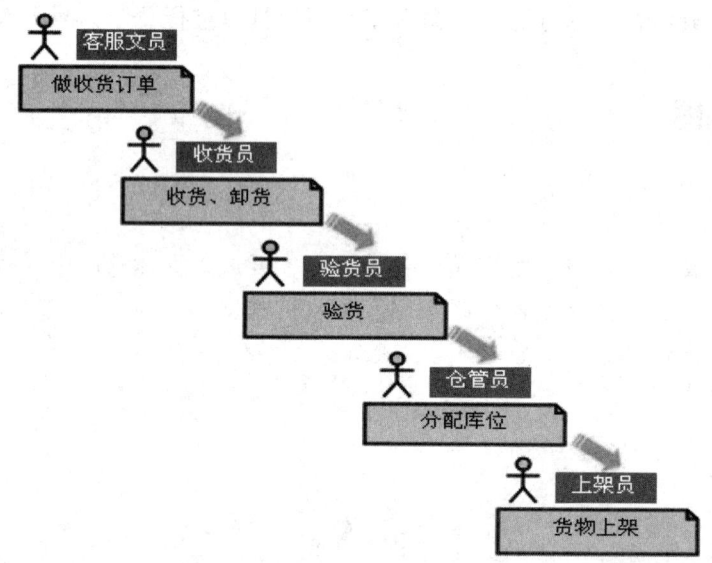

图 9-1

（2）自动化立体仓库构成。

自动化立体仓库是机械和强、弱电控制相结合的产品。它主要由货物存储系统、货物存取和传送系统、控制和管理等 3 大系统组成，还有与之配套的供电系统、空调系统、消防报警系统、承重计量系统、信息通信系统等。

① 货物存储系统。本系统是由立体货架的货位（货架、托盘）组成。货架按照排、列、层组合而成立体仓库储存系统。

② 货物存取和传送系统。本系统承担货物存取、出入仓库的功能，它是由有轨或无轨堆垛机、出入库输送机、装卸机械等组成。

③ 控制和管理系统。控制和管理系统是自动化立体仓库的控制中心，它具有沟通并协调

管理计算机、堆垛机、出入库输送机等的联系；控制和监视整个自动化立体仓库的运行，并根据管理计算机或自动键盘的命令组织流程，以及监视现场设备运行情况和现场设备状况、监视货物流向及发货显示，与管理计算机、堆垛机和现场设备通信联系，对设备进行故障检测以及查询显示等功能。

（3）自动化立体仓库的设备，如图9-2所示。

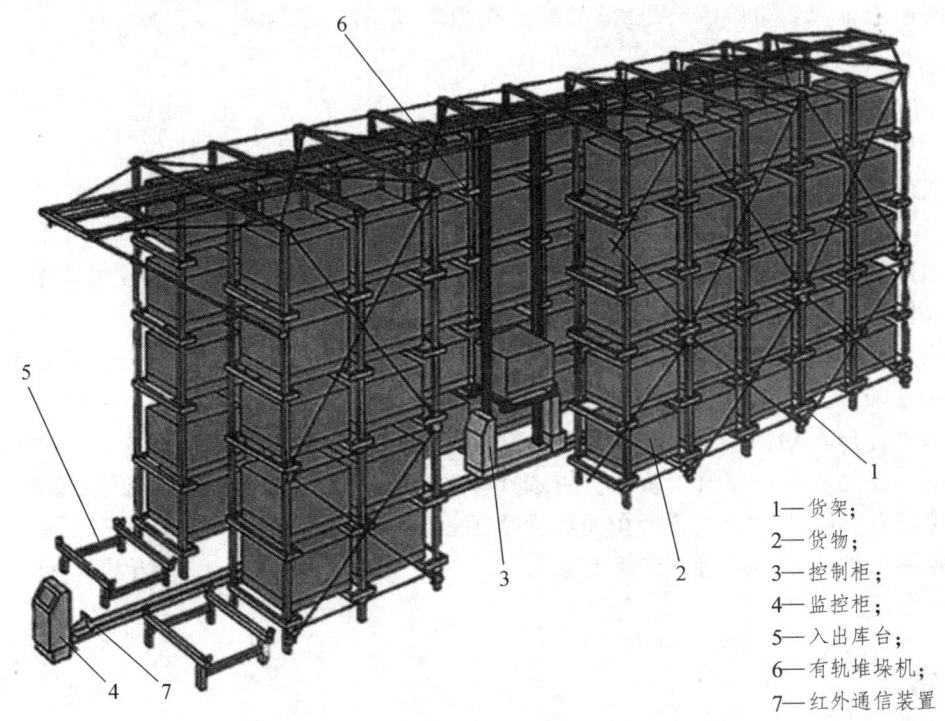

1—货架；
2—货物；
3—控制柜；
4—监控柜；
5—入出库台；
6—有轨堆垛机；
7—红外通信装置

图9-2　立体仓库示意图及设备组成

自动化立体仓库是采用高层货架储存货物，以巷道堆垛机自动存取货物，并通过周边的托盘输送设备，按照用户的需求自动进行入库出库存取作业的仓库。自动化立体仓库又称自动化仓库、高层货架仓库等。

一般的自动化立体仓库通常由立体货架、巷道堆垛机、周边出入库配套输送机、计算机管理控制系统以及其他辅助设备组成。出入库输送设备自动控制系统由主控制器、通信接口、输入及显示操作系统、传感检测系统、货物运动控制系统、控制软件等组成。输送设备与库外运输设备之间的搬运工作可以通过叉车、伸缩式皮带机、人工搬运等方式完成。

（4）自动化立体仓库的功能。

立体仓库的功能是在计算机管理系统的指挥下，高效、合理地储存各种产品。准确、实时、灵活地向各销售部门提供所需产成品。并为物资采购、生产调度、计划制订、产销衔接提供准确信息。同时，它还具有节省用地、减轻劳动强度、提高物流效率、降低储运损耗、减少流动资金积压等功能。

（5）自动立体仓库应用效果。

实践已经充分证明，使用自动化立体仓库能够产生很大的社会效益和经济效益。主要表现为以下几个方面：

① 极大地提高仓库的空间利用率。
② 有效地提高仓库的作业效率。
③ 改善仓库收发业务的准确性。
④ 减少仓库人员的工作量和工作强度。
⑤ 实现仓库管理的自动化，提高企业物流管理水平。
（6）所用的工具：电脑、3D 仓储与配送模拟实训系统。

实训步骤

本实训任务的操作步骤与前面任务的入库作业相同，要注意的是在库位分配时，要选择"立体仓库区"。

（1）XH01 用户选择客服文员登录，单击回到工作岗位图标" "做收货订单。

（2）收货。XH02 用户选择收货员登录。

（3）验货。XH03 用户选择验货员登录—"实训中心"—"验货单"—选择刚才收货的单据号，完成验货。

（4）库位分配。XH04 用户选择仓管员登录—"实训中心"—"仓位分配"—双击刚才验货的单据号；先单击"修改"按钮，再选择库区（立体仓库区），选择库区后单击"分配"按钮，系统将自动把货物库区分配在托盘货架区，然后录入货架的具体位置。

（5）货物上架。XH05 用户选择上架员登录—"实训中心"—"上架单"—双击刚才验货的单据号完成上架任务。

附 录

实训收货数据：如图 9-3 至图 9-12 所示。

单据号:	RW201003091239			共 10张单 第 1 张				
货主	广西南方食品							
入库原因	采购合格入库			所属仓库	配送中心			
运输方式	送货上门			装卸地址	益达配送中心			
联系人	张子平			电话	020-83367725			
仓储天数	20			计费方式	按体积			
货物编号	货物名称	数量	单位	长	宽	高	体积	重量
014	南方早餐豆奶480克(30克*18	20	箱	0	0	0	0	1
017	南方黑芝麻糊(促销装)560克	19	箱	0	0	0	0	1
024	800克南方黑芝麻糊(中老年	11	箱	0	0	0	0	1
005	南方黑芝麻糊(精装)480克(40	12	箱	0	0	0	0	1
013	南方纯豆粉400克(25克*16)1	17	箱	0	0	0	0	1
合计	5							

图 9-3

单据号: RW201003091241				共 10张单 第 2 张				
货主 广西南方食品								
入库原因 采购合格入库			所属仓库 配送中心					
运输方式 送货上门			装卸地址 益达配送中心					
联系人 张子平			电话 020-83367725					
仓储天数 20			计费方式 按体积					
货物编号	货物名称	数量	单位	长	宽	高	体积	重量
017	南方黑芝麻糊(促销装)560克	14	箱	0	0	0	0	1
009	南方黑芝麻糊(精装)240克(40	16	箱	0	0	0	0	1
003	原味龟苓膏250克(1*24)	18	箱	0	0	0	0	1
012	南方黄豆奶480克(30克*16)1	15	箱	0	0	0	0	1
014	南方早餐豆奶480克(30克*18	18	箱	0	0	0	0	1
合计	5							

图 9-4

单据号: RW201003091243				共 10张单 第 3 张				
货主 广西南方食品								
入库原因 采购合格入库			所属仓库 配送中心					
运输方式 送货上门			装卸地址 益达配送中心					
联系人 张子平			电话 020-83367725					
仓储天数 20			计费方式 按体积					
货物编号	货物名称	数量	单位	长	宽	高	体积	重量
024	800克南方黑芝麻糊(中老年补	20	箱	0	0	0	0	1
020	南方黑芝麻糊360克(40克*9)	20	箱	0	0	0	0	1
006	南方黑芝麻糊(AD钙)480克(4	14	箱	0	0	0	0	1
001	龟苓膏170克*24罐	18	箱	0	0	0	0	1
025	南方黑芝麻糊（普通型）60	20	箱	0	0	0	0	1
合计	5							

图 9-5

单据号： RW201003091245　　　　　　共 10张单 第 4 张

货主　广西南方食品

入库原因　采购合格入库　　所属仓库　配送中心
运输方式　送货上门　　　　装卸地址　益达配送中心
联系人　　张子平　　　　　电话　　　020-83367725
仓储天数　20　　　　　　　计费方式　按体积

货物编号	货物名称	数量	单位	长	宽	高	体积	重量
017	南方黑芝麻糊(促销装)560克	13	箱	0	0	0	0	1
008	南方黑芝麻糊320克(40克*8)	15	箱	0	0	0	0	1
012	南方黄豆奶480克(30克*16)1	19	箱	0	0	0	0	1
018	南方黑芝麻糊(无糖)600克(40	20	箱	0	0	0	0	1
023	720克南方黑芝麻糊(中老年	11	箱	0	0	0	0	1
合计	5							

图 9-6

单据号： RW201003091247　　　　　　共 10张单 第 5 张

货主　广西南方食品

入库原因　采购合格入库　　所属仓库　配送中心
运输方式　送货上门　　　　装卸地址　益达配送中心
联系人　　张子平　　　　　电话　　　020-83367725
仓储天数　20　　　　　　　计费方式　按体积

货物编号	货物名称	数量	单位	长	宽	高	体积	重量
002	龟苓膏(桂圆型)170克*24罐	11	箱	0	0	0	0	1
022	720克南方黑芝麻糊(高钙礼1	17	箱	0	0	0	0	1
003	原味龟苓膏250克(1*24)	12	箱	0	0	0	0	1
005	南方黑芝麻糊(精装)480克(40	13	箱	0	0	0	0	1
001	龟苓膏170克*24罐	19	箱	0	0	0	0	1
合计	5							

图 9-7

单据号:	RW201003091249			共 10张单 第 6 张				
货主	广西南方食品							
入库原因	采购合格入库			所属仓库	配送中心			
运输方式	送货上门			装卸地址	益达配送中心			
联系人	张子平			电话	020-83367725			
仓储天数	20			计费方式	按体积			
货物编号	货物名称	数量	单位	长	宽	高	体积	重量
022	720克南方黑芝麻糊(高钙礼1	15	箱	0	0	0	0	1
010	早餐黑芝麻糊480克(40克*12	18	箱	0	0	0	0	1
002	龟苓膏(桂圆型)170克*24罐	20	箱	0	0	0	0	1
020	南方黑芝麻糊360克(40克*9)	13	箱	0	0	0	0	1
021	360克南方黑芝麻糊(促销装)	19	箱	0	0	0	0	1
合计	5							

图 9-8

单据号:	RW201003091251			共 10张单 第 7 张				
货主	广西南方食品							
入库原因	采购合格入库			所属仓库	配送中心			
运输方式	送货上门			装卸地址	益达配送中心			
联系人	张子平			电话	020-83367725			
仓储天数	20			计费方式	按体积			
货物编号	货物名称	数量	单位	长	宽	高	体积	重量
013	南方纯豆粉400克(25克*16)1	11	箱	0	0	0	0	1
016	南方无糖黑豆奶480克(30克	12	箱	0	0	0	0	1
018	南方黑芝麻糊(无糖)600克(40	16	箱	0	0	0	0	1
024	800克南方黑芝麻糊(中老年	12	箱	0	0	0	0	1
023	720克南方黑芝麻糊(中老年	20	箱	0	0	0	0	1
合计	5							

图 9-9

单据号:	RW201003091253			共 10张单 第 8 张					
货主	广西南方食品								
入库原因	采购合格入库			所属仓库	配送中心				
运输方式	送货上门			装卸地址	益达配送中心				
联系人	张子平			电话	020-83367725				
仓储天数	20			计费方式	按体积				

货物编号	货物名称	数量	单位	长	宽	高	体积	重量
010	早餐黑芝麻糊480克(40克*12	12	箱	0	0	0	0	1
007	南方黑芝麻糊(低糖)600克(40	12	箱	0	0	0	0	1
004	桂圆龟苓膏250克*24罐	12	箱	0	0	0	0	1
017	南方黑芝麻糊(促销装)560克	19	箱	0	0	0	0	1
011	南方黑豆奶480克(30克*16)1	17	箱	0	0	0	0	1
合计	5							

图 9-10

单据号:	RW201003091255			共 10张单 第 9 张					
货主	广西南方食品								
入库原因	采购合格入库			所属仓库	配送中心				
运输方式	送货上门			装卸地址	益达配送中心				
联系人	张子平			电话	020-83367725				
仓储天数	20			计费方式	按体积				

货物编号	货物名称	数量	单位	长	宽	高	体积	重量
005	南方黑芝麻糊(精装)480克(40	12	箱	0	0	0	0	1
008	南方黑芝麻糊320克(40克*8)	17	箱	0	0	0	0	1
025	南方黑芝麻糊(普通型)60	11	箱	0	0	0	0	1
009	南方黑芝麻糊(精装)240克(40	20	箱	0	0	0	0	1
015	南方高钙豆奶480克(30克*18	15	箱	0	0	0	0	1
合计	5							

图 9-11

单据号： RW201003091257				共 10张单 第 10 张				
货主 广西南方食品								
入库原因 采购合格入库			所属仓库 配送中心					
运输方式 送货上门			装卸地址 益达配送中心					
联系人 张子平			电话 020-83367725					
仓储天数 20			计费方式 按体积					
货物编号	货物名称	数量	单位	长	宽	高	体积	重量
021	360克南方黑芝麻糊(促销装)	14	箱	0	0	0	0	1
010	早餐黑芝麻糊480克(40克*12	12	箱	0	0	0	0	1
006	南方黑芝麻糊(AD钙)480克(4	19	箱	0	0	0	0	1
001	龟苓膏170克*24罐	16	箱	0	0	0	0	1
014	南方早餐豆奶480克(30克*16	14	箱	0	0	0	0	1
合计	5							

图 9-12

考核标准

立体仓库入库作业考核标准

考核内容	考核标准	分值	实际得分	备注
收货订单制作	熟练、正确	10		
单据验收	正确、不出差错	20		
库位分配	合理、按客户要求	20		
使用工具	正确	20		
软件操作	熟练	20		
完成时间	快速	10		
合　　计				

第十章 仓储配送常用设备

实训任务二十 设备识别与使用

任务目标

（1）了解企业中比较常见的托盘、货架等物流设备的分类和作用。
（2）初步掌握货物包装、堆码及存放技术。
（3）熟悉常用的搬运设备。

任务描述

2012年8月5日，小李到益达物流公司配送中心实习，你作为公司主管对他进行培训，主要内容是货物的包装、仓库的常用设备及使用。

知识链接

1. 货 物

货物通常是运输、仓储部门承运、保管的一切原料、材料、工农业产品、商品以及其他产品或物品的统称。货物在供应链的不同领域有不同的名称，例如制造鞋的原料对于鞋厂的采购部门和生产部门来说是物料，把物料制造成鞋后称为产品，把鞋从产地运输到消费地或放在仓库中保管称为货物。鞋在超市中销售又称为商品。在物流的学习和研究中鞋则统称为物品。

货物的计量是计量货物的重量和体积。重量由计重设备进行称量，体积由卷尺进行丈量，体积是货物最大长、最大宽、最大高的乘积。

2. 货物的包装

商品包装包括两层含义：一是指为了使商品方便运输、储存、促进销售和便于使用，对商品实行的包裹行为，存放的容器和辅助材料，通常叫包装材料或包装用品，如箱、纸、桶、盒、绳、钉等。二是指对商品进行包裹、存装、打包、装潢的整体操作过程，是包装商品的具体业务。如装箱、扎件、灌瓶等。

在欧洲，为了反映包装的级别，包装常分为一类、二类和三类包装，如图10-1所示。

一类包装：又称消费者包装，包含一个销售单元给最终用户或消费者的包装。

二类包装:又称运输包装。用来容纳许多一类包装的包装。

三类包装:便于运输和搬运多个一类或二类包装的包装,也称为运输包装。

在物流工作中,我们最常接触的是二类和三类包装。

(a)一类包装　　　　　(b)二类包装　　　　　(c)三类包装

图 10-1　包装级别

3. 货物包装上的信息

物流管理中许多事故和差错常常是因为标志不清或错误而造成的,如错发、错运、搬运装卸操作不当、储存保管不善等。所有这些都说明包装标志对有效地进行装卸、运输、储存等物流活动起着重要影响。

包装标志就是指在运输包装外部采用特殊的图形、符号和文字,依附于运输包装件以传达功能。其作用有三:一是识别货物,实现货物的收发管理;二是明示物流中应采用的防护措施;三是识别危险货物,暗示应采用的防护措施,以保证物流安全。

(1)指示性标志,如图 10-2 所示。

图 10-2　指示性标志

（2）警告性标志，如图10-3所示。

图 10-3　危险货物标志

（3）重量体积标志。运输包装外通常都标明包装的体积和毛重，以方便储运过程中安排装卸作业。如：GROSS WEIGHT（毛重）881 kg；NET WEIGHT（净重）85 kg；MEASUREMENT（体积）45 cm×35 cm×25 cm。

（4）包装与条码之间的关系，如图10-4所示。

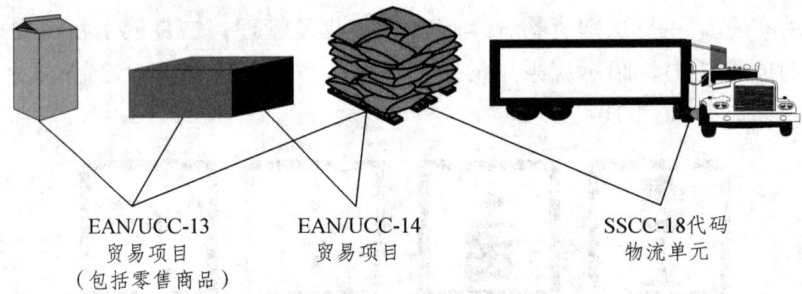

图 10-4　包装类别与条码之间的关系

4. 常用的仓储设备

常用的仓储设备有计量设备、托盘、货架和叉车。

（1）计量设备。主要是重量和长度计量设备，如图10-5所示。

图 10-5　计量设备

（2）托盘，如图10-6所示。

图 10-6 托盘的类别

（3）货架。

① 层架，如图10-7所示。

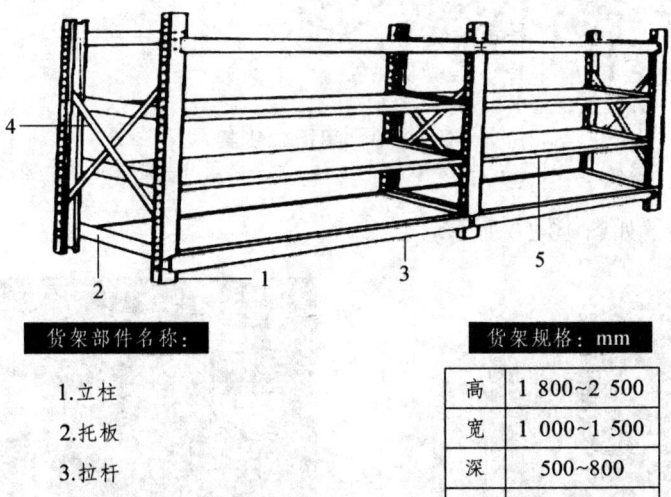

货架部件名称：

1. 立柱
2. 托板
3. 拉杆
4. 交叉
5. 层板

货架规格：mm	
高	1 800~2 500
宽	1 000~1 500
深	500~800
层数	3~5
负数	100~150kg/层

图 10-7

② 托盘货架，如图10-8所示。

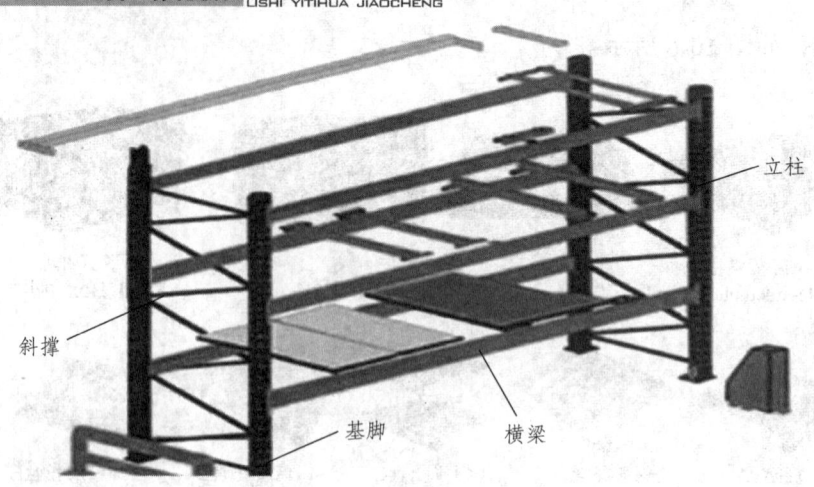

图 10-8 托盘货架

③ 阁楼式货架，见图 10-9。

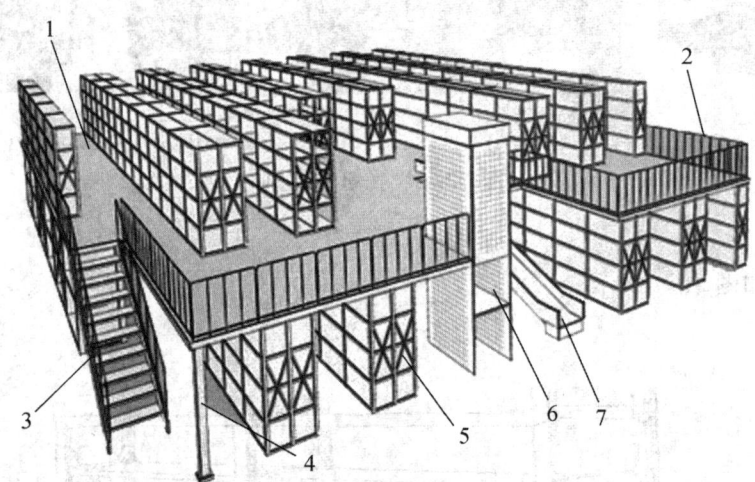

图 10-9 阁楼式货架

1—楼板；2—护栏；3—楼梯；4—立柱；5—斜栏；6—提升机；7—滑道

④ 贯通式货架，如图 10-10 所示。

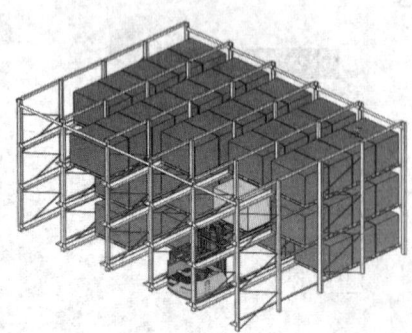 

图 10-10 贯通式货架

⑤ 辊轮式货架，如图 10-11 所示。

图 10-11 辊轮式货架

该货架具有储存和运送货物的双重功能——动态仓储。货物通过设有斜度的流利条从货架的入口端输至出口端，而后来的货物依次相接，达到储存的目的。同时实现先进先出。

⑤ 重力式货架，如图 10-12 所示。

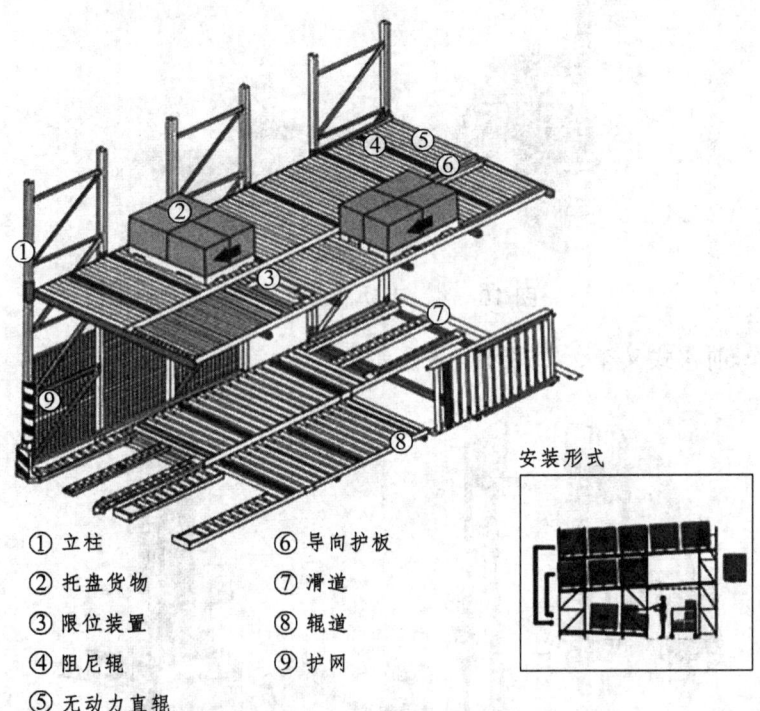

① 立柱　　　⑥ 导向护板
② 托盘货物　⑦ 滑道
③ 限位装置　⑧ 辊道
④ 阻尼辊　　⑨ 护网
⑤ 无动力直辊

图 10-12 重力式货架

⑦ 立体货架，如图 10-13 所示。

（4）叉车。

① 手动液压搬运车，如图 10-14 所示。

图 10-13　立体货架

图 10-14　手动液压搬运车

② 电动叉车-前移式叉车，如图 10-15 所示。

图 10-15　前移式叉车

③ 平衡重式叉车，如图 10-16 所示。

图 10-16 平衡重式叉车

5. 实训所用材料

（1）若干商品包装纸箱。
（2）千分尺、卷尺各一个，重量计量设备一台。
（3）各式托盘若干。
（4）手动叉车一台。

实训步骤

1. 认识货物

找一商品包装纸箱，如图 10-17 所示。

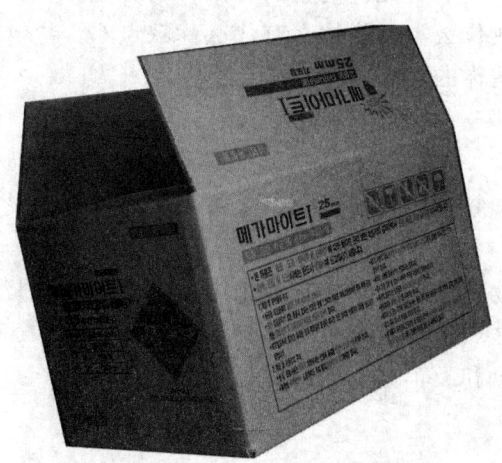

图 10-17 包装纸箱

（1）计量货物的重量、体积。

（2）指出该包装的等级（是一类、二类还是三类包装？）。

（3）指出该包装上有哪些标志，各标志的作用是什么。

（4）整理以上各问题的答案进行发言。

2. 计量设备识别和使用

千分尺、卷尺各一个，重量计量设备一台。

3. 托盘识别和使用

（1）准备空托盘，如图10-18所示。

图10-18 双面塑料托盘

（2）选择码放方法。测量托盘尺寸和包装箱尺寸，综合考虑商品的包装说明和存放空间，设计合理的码盘方案。

（3）按方案执行码盘作业。

4. 货架识别

（1）观察实训室货架，说明有几种类型的货架，名称是什么？

（2）各类货架主要存放什么类型货物，有什么优缺点？

（3）向同学和老师说明你的观点。

5. 叉车识别和使用

（1）叉车认知。通过观察图片和实训室的叉车来了解和认识叉车。

（2）选择手动叉车。

（3）叉车搬运托盘货物（在托盘识别和使用中堆码好的托盘货物）。

（4）将托盘运抵指定区域，商品卸下后整齐堆码。

（5）作业完毕，将托盘和叉车分别送回到指定的存放区域。

到此实训任务结束。

 考核标准

仓储设备识别与使用考核标准

考核内容	考核标准	分　　值	实际得分	备　　注
包装类别识别	准确	10		
包装信息识别	准确、全面	10		
计量工具识别	准确	10		
计量工具使用	正确	10		
托盘的识别和使用	正确	20		
货架识别	准确	20		
叉车的识别和使用	正确、安全	20		
合　　计				

参考文献

[1] 宋洋. 物流情景综合实训[M]. 北京：清华大学出版社，2011.
[2] 钱芝网. 仓储管理实务情景实训[M]. 北京：电子工业出版社，2008.
[3] 孙红菊. 仓储管理员[M]. 北京：北京师范大学出版社，2011.
[4] 张亚男. 物流师仓储管理[M]. 北京：科学出版社，2010.
[5] 张洪革. 物流仓储与配送管理[M]. 北京：中国劳动社会保障出版社，2006.
[6] 张玉华. 仓储基础知识与技能[M]. 北京：中国劳动社会保障出版社，2006.